조지 휘트필드

조지 휘트필드

오병학 지음

규장

오직 하나님만 바라본 사람

1770년 10월 2일, 매사추세츠 주에 있는 뉴베리포트 제일장로교회에서 조지 휘트필드의 장례식이 거행되었다. 대부분의 참석자들은 그와 헤어지는 슬픔을 이기지 못해 눈물을 흘리며, 지난날 주님의 명령에 순종하여 한평생을 헌신했던 조지 휘트필드를 떠나보냈다.

그는 생전에 주위 사람들에게 이렇게 말하곤 했다.

"내가 만약 외국에서 죽더라도 공식적인 장례식은 영국에서 치렀으면 좋겠습니다. 그리고 장례식 집례는 존 웨슬리 형제가 맡아주었으면 합니다."

이런 당부에 따라 존 웨슬리는 영국 런던에 있는 무어필드 장막(Tabernacle)에서 조지 휘트필드의 장례식을 치르면서, 이렇게 먼저 떠난 친구를 추모했다.

"나는 그가 생전에 이룩한 업적에도 큰 찬사를 보내지만 그보다 앞서 그의 인격에 더 큰 찬사를 보냅니다. 다른 사람들을 포용하는 위대한 정신 그리고 온유함과 자애로움, 인내, 탁월한 용기는 예수 그리스도의 흔적을 드러내기에 충분했습니다."

찰스 웨슬리도 그의 숭고한 정신에 찬사를 보냈다.

"그는 오직 그리스도를 높이고 귀중한 영혼들을 구원하는 일에만 자기의 삶을 다 바쳤다. 그는 정녕 모든 인류의 연인이다.”

조지 휘트필드와 같은 시대를 살았던 윌리엄 카우퍼는 “그는 친구도 많았지만 반면에 그를 미워하는 사람도 많았다. 그러나 휘트필드는 그들을 위하여 성경 위에 눈물을 떨구며 기도했을 뿐 아니라 그들에게 불쾌한 말을 한 적이 한 번도 없다”고 했다.

헨리 벤 신부는 그가 복음을 전하기 위하여 얼마나 엄청난 사역을 감당했는지 잘 설명해준다.

“인간의 몸을 가지고 한 주일에 40시간 이상씩 거의 30년 동안이나 한 번도 쉬지 않고 설교를 계속 해왔다는 것은 상상하기조차 어려운 일이다. 그의 설교를 듣기 위해 모여드는 사람들은 언제나 수천 명에 이르렀고, 수만 명 앞에서 설교한 적도 많았다. 그의 그런 열심과 열정은 참으로 놀라웠다.”

조지 휘트필드는 성경에서 가르친 진리를 그대로 믿었고, 이 진리를 평생 동안 수많은 사람들 앞에서 증거했다. 그는 이 진리로 수많은 영혼들을 감동시켰으며, 그들의 존경을 한 몸에 받았다. 또 그는 사랑을 실천하며 섬기는 종으로서 평생 동안 경건한 기도의 삶을 살았다.

많은 독자들은 이 책을 통해 조지 휘트필드의 숭고한 삶을 배우기 바란다.

오병학

저자의 말

차례

소년 시절

조지 휘트필드(George Whitefield)는 열두 살이 되었을 때 글로스터 교구에 속한 세인트 메리 크립트 교회의 부속학교에 입학했다. 이때부터 그의 타고난 웅변술이 기량을 보이기 시작했다.

어느 날, 그는 학교를 방문한 시의회 의원들 앞에서 학생 대표로 연설을 했다.

"존경하는 시의원 여러분! 우리 학교가 세워진 것은 학생들이 하나님을 바르게 믿고 섬기는 신앙의 사람이 되게 하기 위해서입니다. 그렇기 때문에 학교의 운영 또한 하나님의 은혜 가운데서 이루어져야 합니다…"

그는 학교 일을 남의 일처럼 여기지 말고 나의 일과 같이 관심을 가지고 협조해달라고 강조하며 연설을 했다. 열두 살짜리 아이답지 않은 연설이었다.

조지 휘트필드의 연설이 끝나자마자 시의회 의원들은 모두 박수를 치면서 그를 칭찬했다.

"정말 훌륭한 연설이구만."

"어린 학생이 보통이 아니야."

"언젠가는 우리 영국을 한바탕 흔들지도 모르겠는걸."

연설 내용도 훌륭했지만 조리 있고 또렷한 목소리와 그의 말 한마디 한마디는 듣는 이들의 감탄을 절로 자아냈다. 청중들의 이런 반응은 적중하여, 훗날 조지 휘트필드는 존 웨슬리와 함께 당대의 유명한 설교자가 되어 영국뿐만 아니라 전 세계 사람들의 잠든 영혼을 일깨우는 인물이 되었다.

그는 1714년에 영국의 글로스터(Gloucester)에서 태어났고, 존 웨슬리보다는 11년 후에 태어났다.

그의 아버지 토머스 휘트필드와 어머니 엘리자베스는 당시 글로스터에서 '벨'이라는 커다란 여인숙을 경영하고 있었다. 이 여인숙은 숙박시설뿐만 아니라 식당과 선술집도 함께 운영했기 때문에 그 지방에서 꽤 유명했다. 커다란 연회장과 연극 공연을 위한 무대까지 갖추고 있어서 명사들의 발길이 끊이지 않는 곳이었다.

"아마 우리 글로스터 지방에서 토머스만큼 재산을 많이 모은 사람도 없을걸."

"그가 내는 세금만 봐도 알 수 있지. 다른 사람보다 서너 배는 더 낼 거야."

"돈을 긁어모으고 있구만. 그 많은 돈을 다 어디다 쓰는지 몰라."

그는 화제의 대상이 되곤 했으며, 사람들은 그의 부유함을 부러워했다.

원래 토머스 휘트필드는 아버지와 함께 외딴 시골에서 어린 시절부터 평범하게 보냈다. 그러다가 글로스터로 옮겨온 후로는 남다른 수완으로 튼튼한 생활기반을 닦았다. 그리고 브리스틀 출신의 동갑내기 엘리자베스와 결혼해 가정을 꾸렸다.

그들은 결혼한 후에 자녀의 축복도 많이 받아, 마지막으로 태어난 조지 위로 아들이 다섯이나 더 있었고 딸도 하나 있었다. 곧 조지 휘트필드는 7남매 가운데 막내였다. 조지가 태어났을 때 토머스 휘트필드와 엘리자베스는 기뻐하면서 하나님께 감사했다.

막내로 태어난 조지는 형들과 함께 부모의 사랑을 듬뿍 받으면서 자랐다. 또한 벨 여인숙을 찾아드는 많은 손님들로부터도 귀여움을 받기도 했다.

그런데 이렇게 평온하던 가정에 뜻하지 않은 불행이 찾아왔다. 조지가 두 살 되던 해에 갑작스럽게 아버지 토머스가 세상을 떠나고 만 것이다.

어머니 엘리자베스는 남편을 잃은 슬픔과 충격을 이기지 못해 삶의 균형을 잃은 듯했다. 그러나 아직 슬픔이 무엇인지도 제대로 모르는 어린 자식들의 해맑은 얼굴을 보고는, 마냥 눈물만 흘리고만 있을 수는 없었다.

'아, 어떻게 나에게 이런 일이…. 이렇게 암담하고 막막한 심정을 누가 알아줄까. 그렇다고 울고만 있을 수는 없어. 사랑스런 아이들 때문에라도 힘을 내야해. 어떻게 해서든 이 아이들을 남부럽지 않게 훌륭하게 키울 거야.'

엘리자베스는 마음을 굳게 먹고 새로운 출발을 결심했다.

"엘리자베스는 정말 억척스러운 여자야."

"어려운 상황 때문에 사람이 변한 것 같더군."

"글쎄 말이야. 어쨌든 힘든 내색 한번 하지 않고 여인숙을 운영하는 것을 보면."

엘리자베스의 변화를 본 이웃 사람들은 입을 모아 엘리자베스를 칭찬했다.

그러나 여인숙 운영은 그렇게 만만한 일이 아니었다. 연약한 여자의 몸으로 여인숙을 운영하며 아이들을 돌보는 일은 매우 벅차고 힘 겨웠다. 힘들 때마다 그녀는 아이들을 보면서 힘을 얻곤 했다. 더욱이 막내인 조지는 아버지의 사랑조차 느끼지 못한 채 아버지를 잃었기 때문에, 더욱 안쓰러워 그에게는 각별히 신경을 썼다.

"얘, 조지."

"네, 엄마."

"넌 자라서 어떤 사람이 되고 싶니?"

"음, 우리 교회 할아버지 같은 신부님이 될래요."

"참 기특하구나. 우리 조지, 내 아들이 장차 신부님이 되겠다니. 어떻게 그렇게 훌륭한 생각을 할 수가 있지?"

"엄마, 정말 신부님이 되는 것이 훌륭한 일인가요?"

"그럼 훌륭한 일이지. 그러니 나중에 꼭 좋은 신부님이 되렴."

엘리자베스는 조지의 머리를 쓰다듬었다. 그리고 그를 품에 안고 말을 이어갔다.

"휘트필드 가문에는 옥스퍼드 대학교를 마치고 영국 국교회의 사제가 된 분이 많단다. 너도 꼭 옥스퍼드 대학교에서 공부하렴. 내가 보내줄게. 그러면 네가 신부님이 되는 게 그렇게 어려운 일만은 아닐 거다."

"네, 어머니. 저도 열심히 공부할게요."

휘트필드 가문은 5대에 걸쳐 두 명의 사위를 포함해 아홉 명이 옥스퍼드 대학교 출신이었다. 그들은 모두 영국 국교회 소속의 사제였다. 조지의 아버지 토머스 휘트필드 역시 성직자는 아니었지만 교회의 의원 일을 맡기도 했다.

엘리자베스는 조지뿐만 아니라 자녀들의 교육에 대한 관심이 각별했다. 자녀들이 그녀에겐 유일한 희망이기도 했지만, 누구보다도 교육의 중요성을 일찍부터 의식하고 있었기 때문이었다. 막내 조지에 대해 관심이 컸던 또 다른 이유는, 조지가 어렸을 때부터 영리한 면을 보였기 때문이다.

조지 휘트필드는 엘리자베스의 그런 사랑과 관심에 대하여 훗날 이렇게 말했다.

나의 어머니 엘리자베스는 내가 어렸을 적부터 정신적인 교육에 얼마나 큰 관심을 가지고 계셨는지 모른다. 내가 감수성이 예민해지기 시작할 무렵부터는 여인숙 운영에 절대 관여하지 못하도록 말리신 것만 봐도 넉넉히 알 수 있는 일이다.

어머니는 어려운 형편임에도 불구하고 자녀들에게 교육을 시키는 데 열심을 냈다. 하지만 여인숙 운영은 여전히 어려워 집안 형편도 나아지지 못했다. 그러다보니 휘트필드가 열두 살이 되면서 들어간 세인트 메리 크립트 교회의 부속학교를 중간에 쉴 수밖에 없었다. 열다섯 살이 되었을 때 그는 여인숙 일을 돕기 위해 학업을 중단했다.

조지 휘트필드에게는 가난과 함께 또 다른 약점도 있었다. 그가 네 살이 되었을 때 홍역을 앓았는데, 그때 간호사의 실수로 눈 부위에 흉터가 생기고 말았다. 그래서 그는 마치 사팔뜨기처럼 보여서 또래 아이들에게 놀림을 받기 일쑤였다.

조지 휘트필드는 소년기를 지내고 성장해가면서는 모범적인 모습만 보여주지는 않았다. 보통 아이들과 다름없이 때로는 거짓말도 하고, 어떤 때는 어머니의 돈을 훔치기도 했으며, 또래의 친구들과 심하게 다투기도 했다.

어느 날 어머니 엘리자베스가 조지에게 물었다.

"조지, 돈궤 안에 있는 돈이 부족한 것 같은데 어찌된 일이냐?"

"그걸 왜 저에게 물으세요?"

"돈궤에 손댈 아이가 너밖에 없으니까."

"왜 그렇게 생각하세요? 우리 집안에 사람이 나 하나뿐인가요?"

"네 형들은 아직 내 허락 없이 돈궤에 손을 댄 적이 없어. 하지만 너는 몇 번이나 돈을 꺼내가지 않았니."

"그래도 그건 아니지요. 내가 그랬다고 단정짓고 말씀하는 건 옳지 않아요. 전 돈을 훔치지 않았다고요. 어머니가 나빴어요!"

"어떻게 나에게 그런 말을 하니…."

"…"

조지가 돈에 손을 댄 것이 분명했지만 당당하고 반항적인 아들의 태도에 어머니 엘리자베스는 어이가 없었다. 그렇게 당당하게 거짓말을 하고 말대꾸를 하는 아들의 태도에 놀라 아무 말도 할 수 없었다. 조지는 그 돈을 가져다가 카드놀이에 몽땅 허비하고 말았다.

그는 이때쯤 날마다 죄와 싸움을 하고 있었다. 어머니의 돈을 훔치면서도 대수롭지 않게 여겼고, 거짓말과 욕설, 어리석은 농담과 저주의 말을 아무렇지도 않게 했다. 안식일을 범하기도 했고, 교회에서 옳지 못한 행동을 하기도 했다.

그는 사제가 되길 바라고 있었으며, 하나님을 사랑하는 마음도 매우 컸다. 그러나 죄를 지을 때의 즐거움을 쉽게 떨쳐버리지도 못했다.

그는 훗날 이때의 일을 반성하면서 다음과 같이 말했다.

사실 나는 어머니의 배 속에 들어있을 때부터 근성이 아주 나쁜 놈이었다. 만약 그렇지 않다면 어떻게 어머니의 돈을 자주 훔쳐내면서도 그것이 도적질인 것을 깨닫지 못했겠는가. 비단 그런 일만이 아니었다. 나는 다른 사람들을 예사로 속이면서도 그것이 죄인 줄을 알지 못했다. 게다가 하나님의 성소인 교회 안에서도 불경스러운 행동을 얼마나 많이 했는지 모른다.

죄의식은 그에게 죄를 지은 것에 대한 대가를 치르게 했다. 어머니에게서 훔친 돈을 가난하여 헐벗는 아이에게 몇 차례 건네주었고, 친구와 몹시 다투고 난 후에는 마음이 상하여 크게 후회하고는 집으로 달려와 방문을 걸어잠그고 하나님 앞에 엎드려 회개기도를 했다.

"자비로우신 하나님 아버지, 방금 전에 한 친구와 다투었던 죄를 용서해주소서. 저는 사람들과 절대로 싸우지 않겠다고 수없이 다짐하지만 금방 잊고 곧잘 싸움을 벌입니다. 이런 못된 버릇을 고쳐주소서."

이렇게 기도하는 그의 눈에서는 어느새 눈물이 주르르 흘러내렸다. 그는 죄의식과 내면의 갈등 때문에 수많은 날을 금식과 기도로 보냈다.

한편 그는 세인트 크립트 교회의 부속학교에서 공부하는 동안 연극에 푹 빠진 적이 있었다.

어느 날 평소에 그를 아끼던 한 선생님이 뜻밖에 조지를 불렀다.

"부르셨어요, 선생님?"

"내가 평소 연극 대본을 틈틈이 쓰고 있다는 것을 너도 잘 알고 있지? 너는 웅변에 소질이 있으니 연기도 곧잘 할 것 같더구나. 어때, 내가 시키는 대로 연습을 해보지 않겠니?"

"연극을요? 아직 한 번도 해보지 않았는데요."

"하지만 너에겐 충분한 소질이 있는 것 같구나."

"그럼 한번 해볼게요."

그래서 조지는 연극을 시작하게 되었다. 선생님의 예상대로 조지는 웅변 실력만 아니라 연극 솜씨도 뛰어났다. 그는 선생님이 쓴 대본을 외우는 일에서부터 본격적인 연극 연습에 이르기까지 모두 다 잘 소화해냈다.

'연극은 정말 멋진 일이야. 왜 진작 연극을 알지 못했을까.'

조지는 오래잖아 학교 공부보다 더 열심히 연극에 몰두했고, 얼마 후에는 아예 공부를 며칠씩 접어두기까지 했다. 그의 열심과 타고난 재능은 더욱 그를 연극에 빠지게 했다. 그리고 그가 공연할 때마다 관중들은 찬사를 보내왔다.

이런 일들은 훗날 조지 휘트필드가 설교가로서 사람들 앞에 서는 데 큰 도움이 되었다.

어머니 엘리자베스는 남편 토머스가 죽은 지 8년이 지났을 때, 이웃에 살던 케이플 롱든이라는 사람과 재혼했다. 재혼을 하면 경제적으로 나아질 것이라고 기대했기 때문이다

자녀들은 다들 어머니의 갑작스러운 재혼에 당황하면서 반대했다. 특히 조지는 더 적극적으로 어머니의 재혼을 말렸다.

"어머니, 난 어머니가 다시 결혼하는 건 싫어요."

"그래, 네 생각도 이해는 해. 하지만 이건 이미 어른들끼리 결정한 일이야. 엄마도 많이 생각하고 고민한 후에 마음먹은 일이란다."

"어머니, 그냥 이대로 우리끼리 살면 안 되나요?"

"너는 아직 어려서 모르지만 엄마 혼자서 여인숙을 경영하고 너희들을 돌보는 일은 매우 힘들어. 그래서 새아버지의 도움이 필요하단다."

"왜 새아버지가 어머니에게 도움이 된다고 생각하시죠? 그 아저씨가 엄마의 재산을 탐내는지도 모르잖아요."

"그런 식으로 아저씨를 나쁘게 말하면 안 돼. 기다려봐. 엄마하고만 살 때보다 훨씬 더 나을 테니까 말이야."

"글쎄요. 정말 그럴까요?"

아이들의 반대에도 불구하고 엘리자베스는 재혼했다. 그러면서 조지의 염려대로 불행한 결혼이었음이 서서히 드러나기 시작했다. 케이플 롱든은 가정의 행복보다는 엘리자베스의 재산을 탐내고 있었기 때문이었다.

결혼하자마자 케이플 롱든은 엘리자베스가 경영하고 있던 여인숙 운영 일에 사사건건 간섭하고 나서기 시작했다. 걸핏하면 눈 하나 깜짝 않고 엘리자베스가 벌어놓은 돈을 가지고 갔다.

"이봐요, 이렇게 살려고 결혼한 건 아니잖아요."

"결혼을 했으면 여자는 무조건 남자의 의견을 따라야 하는 거요. 암, 그래야 하고말고."

케이플 롱든은 매사에 그런 식이었다. 그의 간섭과 근면하지 못한 생활, 낭비하는 생활습관 때문에 벨 여인숙의 경영은 점점 더 나빠졌다. 이런 상황이 3년쯤 계속되자 이제는 도저히 회복할 수 없을 지경에 이르렀다.

'이 일을 어쩌면 좋지? 정말 이렇게 될 줄은 몰랐어. 모두 내 탓이야.'

엘리자베스는 후회와 절망으로 괴로운 나날을 보냈지만 이미 돌이킬 수 없는 일이었다. 휘트필드도 이 일에 대해 훗날 이렇게 고백했다.

하나님께서 그 일을 선으로 바꾸기는 하셨지만, 그 결혼은 누가 봐도 일시적인 이익을 위해 이루어진 불행한 만남이었다. 특히 내 마음에 좋지 않은 인상을 주었다.

옥스퍼드 대학교에서

　　　　'너도 꼭 옥스퍼드 대학교에서 공부하렴.
내가 보내줄게. 그렇게 되면 네가 신부님이 되는 게 그렇게 어려운
일만은 아닐 거다.'

　조지가 어릴 때 어머니 엘리자베스가 자랑스럽게 한 약속이다. 그
러나 이제 엘리자베스는 그런 약속을 지킬 수가 없었다. 벨 여인숙
의 경영이 점점 어려워지더니, 조지가 열다섯 살 되던 무렵에는 간
신히 명맥만 유지하는 정도로 전락해버렸기 때문이다.

　집안 살림살이가 어렵다는 것을 알던 조지 휘트필드는 학업을 잠
시 중단해야겠다고 마음먹었다. 그는 어머니를 돕는 게 최선의 선택
이라고 생각했다.

　"어머니."

　"그래, 무슨 일이니?"

"저 학교를 그만두기로 결심했어요."

"학교를 그만두겠다니, 그게 무슨 소리냐?"

"당분간 집에서 어머니의 일을 도울게요."

"아무리 형편이 어렵기로서니 공부해야 할 학생이 학교를 그만두다니, 어디 말이나 되는 소리니. 안 돼. 계속 공부를 해야지."

"끼니조차 어려운데 어떻게 공부만 계속할 수 있겠어요. 그러니 말리지 마세요."

"…."

엘리자베스는 조지의 굳은 결심을 마지못해 받아들이기는 했지만 너무나 마음이 아팠다. 옥스퍼드 대학교에 꼭 입학시켜주겠다던 아들과의 약속을 생각하면 더욱 미안한 마음을 감출 수 없었다.

조지 휘트필드는 다니던 학교를 멈추고 집에서 어머니의 일을 돕기 시작했다. 다른 종업원들과 마찬가지로 앞치마를 두르고 여인숙 일과 선술집 일 등을 열심히 도왔다. 한마디로 여인숙의 심부름꾼이 된 것이다.

이런 생활은 거의 1년 반 동안이나 계속되었다. 조지 스스로 선택한 일이었지만, 다른 친구들은 학교에서 공부하는 동안 자기는 하루 종일 일을 해야 한다는 것은 역시 견디기 어려웠다. 집안 형편을 생각하고 어머니를 돕자는 생각에서 시작한 일이지만 점차 시간이 흐를수록 마음속에서 고민이 스멀스멀 피어올랐다.

'참으로 한심구나. 이게 뭐람. 다른 친구들은 공부한다고 야단들인데 나는 이렇게 허드렛일만 하고 있으니….'

이런 생각이 종종 그의 마음을 흔들어놓았지만 그럴 때마다 곧 그는 마음을 고쳐먹고 희망을 가지려 노력했다.

'아냐, 그렇다고 실망해선 절대 안 돼. 언젠가는 나에게도 공부하는 길이 열릴 것이고, 옥스퍼드에 진학하게 될지도 몰라. 그러면 바라던 대로 사제가 될 수 있어. 그러니 용기를 내야 해.'

어릴 때부터 막연하게 성직자를 꿈꾸었던 조지 휘트필드는 성경을 읽으며 그의 신앙에 큰 영향을 받았다. 성경과 함께 읽은 여러 신앙서적도 그에게 큰 도움이 되었다.

그러던 어느 날 그는 어머니로부터 매우 희망적인 이야기를 들었다.

"얘, 조지."

"네, 어머니."

"내 친구가 해준 말인데, 자기 아들이 옥스퍼드 대학교에 근로장학생으로 들어가 공부하고 있다는구나. 그러면 적은 돈으로도 대학을 다닐 수가 있다지 뭐니."

"그래요? 그런 방법이 있었어요?"

"그렇다는구나. 그러니 너도 희망을 가지고 공부를 다시 시작해 보렴."

"제가 다시 공부하면 옥스퍼드 대학교에 갈 수 있을까요?"

"그럼. 갈 수 있고말고. 너는 꼭 해낼 수 있을 거다."

"어머니, 감사합니다."

"그러니 너도 다시 학교에서 공부할 준비를 해야지."

"그러면 여인숙 일은 누가 하고요?"

"이참에 여인숙 일을 줄일까 생각해."

"그러면 내일부터 다시 학교에 가도 될까요?"

"당연하지. 그동안 네가 열심히 도와주었으니, 이제는 내가 도와야지. 공부를 다시 시작하려무나."

조지 휘트필드는 1년 반 만에 다시 학교에 다니기 시작했다. 절실한 마음으로 최선을 다했다. 신앙생활도 게을리하지 않으려 노력했다. 그는 다른 친구들보다 더 많은 노력하며 뒤떨어진 공부를 만회해나갔다. 헬라어 성경도 열심히 읽었으며, 교회의 예배에도 빠짐없이 출석하였다.

확실히 학업을 중단했을 때의 생활과는 모든 면에서 달라졌다. 교회에서도 학교에서도 가정에서도 그의 행동은 늘 모범적이었으며, 사람들로부터 칭찬받았다.

또한 그는 사제가 되겠다던 꿈도 더욱 확고히 했다. 특히 열일곱 살 때 어떤 꿈을 꾸고는 성직자가 되겠다는 꿈을 더욱 굳게 가졌다. 휘트필드는 그날의 꿈을 이렇게 회상했다.

> 나는 꿈에서 시내 산에 계신 하나님을 만나기로 되어 있었다. 그분을 만나는 일은 참으로 두려운 일이었다. 그 사실을 어떤 여인에게 말했더니 그녀가 나에게 말했다. "조지, 이것은 틀림없이 하나님께서 널 부르신 거야."

그가 다시 학교에 다니기 시작한 지 2년이 지난 1732년 가을, 조지 휘트필드가 열여덟 살이 되었을 때 옥스퍼드 대학교의 펨브룩 대학에 근로장학생으로 입학을 했다. 그때의 기쁨은 말로 다할 수 없었다. 그는 삶의 큰 용기와 힘을 얻었을 뿐만 아니라 미래에 대한 희망으로 부풀어올랐다. 어머니 엘리자베스 역시 감격하며 눈물을 흘렸다.

그러나 대학 생활은 그가 꿈꾸었던 것과 달리, 그리 호락호락하지 않았다. 그에게 맨 처음 부딪쳐온 어려움은 근로장학생이기 때문에 받는 차별과 대우들이었다. 근로장학생은 수업료와 식사비용을 면제받는 조건으로 부유층 자녀 서너 명의 시중을 들어야 했다.

"조지, 너 내 양말 빨아놓았니?"

"여태까지 내 신발을 안 닦았어? 뭘 꾸물거리고 있는 거야."

"방은 왜 이렇게 지저분해? 이러고도 네가 장학금을 받을 수 있다고 생각해?"

그는 또래 학생들로부터 이런 굴욕적인 말들을 예사로 들으면서도 묵묵히 참아내야 했다. 더구나 학교 당국은 근로장학생들에게 붉은 조끼를 입게 해서 그의 신분을 드러나게 했다. 뿐만 아니라 매 주일 있던 철학 토론 시간에 근로장학생들은 다른 학생들과 함께 참여하지 못하게 했고, 모든 학생이 성례에 참석할 때에도 근로장학생들은 따로 다른 시간에 참석해야 했다. 그러다보니 많은 근로장학생들이 그런 굴욕을 견디지 못하고 중간에 학교를 떠나갔다.

그러나 조지 휘트필드는 묵묵히 근로장학생으로 일하며 공부를 해나갔다. 여인숙 심부름꾼으로 일한 경험이 있어서인지 일은 그렇게 힘들지 않았다. 또한 그의 마음에는 옥스퍼드 대학교에 대한 강

한 열망이 있었기 때문에, 쉽게 포기하지 않고 학업을 이어나갔다.

그가 묵묵히 일하면서 공부하는 동안 그의 지도교수인 로크 박사는 끊임없이 그를 격려해주었다. 아버지의 사랑을 받아본 적이 없는 휘트필드로서는 로크 박사의 관심과 사랑이 남달리 느껴졌다. 그 사랑은 휘트필드에게 학업에 대한 동기도 부여해주었다. 그 결과 그는 우수한 성적을 얻어 두각을 나타내게 되었다.

이렇게 어려운 환경을 극복해간 그를 정작 괴롭힌 것은, 그가 품은 소망에 대한 확신 여부와 대학교 내의 불경건한 환경이었다.

"조지, 네 희망은 뭐야?"

"뭐 그냥…."

"왜 대답을 못 해?"

"안 하는 것뿐이야. 이야기꺼리가 될 만한 게 아니니까."

"너나 나나 마찬가지일 텐데 숨길 게 뭐 있어."

"숨기려는 건 아니었어. 사제가 되는 것이 나의 꿈이야. 이제 됐니?"

"뭐, 사제?"

조지의 대답이 나오기가 무섭게 친구들은 비웃기 시작했다.

"신부님이 되시겠다고?"

"정말 웃기는 꿈이구나."

"지금이 어떤 세상인데 그런 골동품 같은 생각을 하고 있니?"

"사제가 되어 사람들에게 대접을 받고 싶은 모양이지만, 요즘 세태는 그렇지 않아."

"이제라도 늦지 않았으니 그런 바보 같은 생각일랑 얼른 버리는 게 나을걸."

표면적으로는 그들도 교회를 다니고 있었지만 그들의 현실은 신앙과 거리가 멀었다. 많은 학생들이 사치와 방탕에 빠져 지냈다. 그와 가까운 친구들만이 아니라 학교 전체의 분위기가 그랬다. 모두가 종교에 대해 부정적인 견해를 가지고 있어서, 조지 자신도 때로는 정말 간절히 길인가 하는 의심이 들었다.

그럴 때면 그는 더욱 자신을 단련했다. 그는 학업뿐 아니라 모든 일에 진지함과 부지런함 그리고 열심으로 나아갔다. 다른 학생들과 처지가 달랐지만 성실하게 학생의 본분을 다했다. 시간을 철저하게 관리하면서 생활했다.

조지 휘트필드는 그때의 환경에 대해 이렇게 말했다.

만약 내가 고향에서 학교를 다니는 동안 신앙생활의 훈련을 단단히 해두지 않았더라면 나는 대학 생활을 계속하지 못했을 것이다. 학교의 전체 분위기도 그랬지만, 같은 교실에서 공부하던 친구들까지도 나에게 무절제하고 자유분방한 생활과 즐기는 삶을 권했다. 젊음과 자유를 만끽할 수 있었던 그 당시에 그런 유혹을 뿌리치는 일은 쉬운 일이 아니었다.

그런 중에도 다행히 하나님께서는 나에게 은총을 베푸셔서 그런 유혹들을 이겨내도록 도우셨다. 아주 추운 어느 날엔가는, 나는 그런 학생들과 어울리지 않으려고 혼자서 책과 씨름하며 손발이 꽁꽁 얼어붙어 밤새도록 잠을 이루지 못했다.

이처럼 나를 지키려 했던 굳은 결심과 노력은 곧 좋은 결실을 가져다주었다. 나를 절대로 꺾을 수 없다고 친구들이 인정한 후부터는 나의 생활을 간섭하지 않았기 때문이다.

조지 휘트필드는 처음 대학 1년 동안은 다른 외부적인 일과는 전혀 관계없이 오직 공부하는 일과 근로장학생으로서의 주어진 일만 부지런히 했다. 물론 다른 일에 관심을 가질 만한 여유도 없었다.

대학 생활 2년째 접어들면서는 그의 내면세계에 큰 변화가 생겼다. 같은 학교 안에서 존 웨슬리가 주도하고 있던 '홀리 클럽'을 알게 되어 그들과 교제를 시작한 후 얻은 정신적 변화였다.

홀리 클럽은 그때 옥스퍼드 대학교 안에서 '오직 신앙으로' 라는 슬로건 아래 뜻있는 몇 명의 학생들이 모여 만든 모임이었다. 이들의 그런 남다른 열심은 당시 영국 사회의 사라져가는 기독교정신에 대한 반작용에서 분출된 것이었다.

그들은 매 주일마다 몇 차례씩 정기적인 모임을 가졌다. 대개 기도로 모임을 시작하여 돌아가면서 헬라어 성경을 읽었고, 끝날 때에는 간단한 식사를 하면서 교제를 나누기도 했다. 또 이들은 손수 엄격한 규칙을 만들어 일상생활에서 그대로 실천하려고 노력했고, 일주일에 이틀 정도는 금식기도를 하는 등 철저히 신앙 규범도 만들어 지켜나갔다. 신앙 규칙을 지키기 위해 노력하는 이들의 엄격한 생활은 반감을 가진 주위 학생들로부터 비웃음을 사기도 했지만, 동시에 뜻있는 이들의 주목을 받기도 하였다.

조지 휘트필드가 홀리 클럽과 관계를 가진 것은 그가 2학년이 되고 얼마 후의 일이다. 어느 날, 낯선 학생이 그를 찾아왔다.

"혹시, 조지 휘트필드라는 학생입니까?"

"예, 그렇습니다만 누구십니까?"

"바로 찾아왔군요. 난 찰스 웨슬리라고 합니다. 말하고 싶은 것이 있어서 이렇게 찾아왔습니다."

"무슨 일인가요?"

"실례가 되지 않는다면 잠깐 앉아서 말씀드리고 싶은데…."

"그러지요. 저쪽에 가서 앉읍시다."

두 사람은 한적한 곳에 자리를 잡고 앉았다. 찰스 웨슬리는 휘트필드를 따라 앉으면서 말문을 열었다.

"얼마 전에 당신의 이름을 들었습니다."

"어떤 일로 제 이름을 들었습니까?"

"신앙생활에 아주 열심이라는 소문을 들었지요."

"그래요? 전 잘 모르겠는데요…."

"본인은 잘 모르더라도 그런 것은 남의 눈에 더 정확하게 띄는 법이죠."

조지 휘트필드가 이곳 옥스퍼드 대학교에 들어온 이래 신앙을 굽히지 않으려고 남달리 애썼던 태도가 다른 사람들의 눈에는 열심이 있는 것처럼 비쳤고, 그런 소문이 찰스 웨슬리의 귀에까지 들어갔던 것이다.

찰스 웨슬리는 존 웨슬리의 동생으로 형과 함께 홀리 클럽을 이끌어가고 있었다. 아직 자기를 방문한 학생이 어떤 사람인지를 잘 모르는 휘트필드는, 찰스 웨슬리의 말에 약간은 쑥스러워졌다. 자신은 늘 신앙과 현실 사이에서 방황하고 있다고 생각해왔기 때문이다.

"부끄럽습니다. 그런 소문이 돌다니. 어떻게 그런 소문이 났는지는 모르겠군요. 사실 나는 지금도 신앙생활을 제대로 해나갈 수 없어 고민입니다."

"이해합니다. 나 역시 이 학교에 들어와서 처음에는 그런 어려움을 겪었으니까요. 그래서 말인데, 혹시 홀리 클럽이라는 모임에 대해 들어본 적이 있습니까?"

"들어보긴 했습니다만, 제가 워낙 바빠서 특별한 관심을 가지고 알아보진 못했습니다."

"당신처럼 신앙생활에 어려움을 느끼는 학생들이 모여 서로 격려하고 돕는 모임입니다. 사실은 당신에게도 이 모임을 소개하고 싶어서 이렇게 찾아왔지요."

"고맙군요. 하지만 지금은 제가 근로장학생으로 공부하고 있기 때문에 시간을 내기가 힘듭니다."

"이해합니다. 그러나 현재 모이는 학생들도 모두 비슷한 사정이 있지만 무엇보다도 신앙을 우선으로 삼고 모두들 열심을 내고 있어요. 그래서 휘트필드 씨도 꼭 한번 참석했으면 합니다. 아마 참석하고 나면 생각이 많이 달라질 겁니다."

그러면서 찰스 웨슬리는 홀리 클럽이 어떤 모임인지에 대해 자세하게 이야기해주었다. 찰스 웨슬리는 이날 조지 휘트필드를 처음 만나고는 그에 대한 인상이 깊었던지, 후에 그를 두고 이렇게 노래했다.

침착하고 사려 깊은 젊은이

진리를 찾아 학문의 숲속에서 배회하던 청년

아무런 꾸밈이 없는 한 이스라엘 사람

나는 그가 너무나 사랑스러워

당장 내 가슴에 끌어안았다네

조지 휘트필드는 찰스 웨슬리의 방문을 받은 후 홀리 클럽의 모임에 참석했다. 그가 처음 참석했을 때만 해도 회원이 채 열 명도 되지 않아 외관상으로는 보잘것없었지만 신앙에 대해서만큼은 모두들 뜨거운 열의를 가지고 있다는 것을 쉽게 느낄 수가 있었다.

그는 온화하면서도 빛나는 눈을 지닌 존 웨슬리(John Wesley)의 태도에 무엇보다도 깊은 인상을 받았다. 온화하고 다정한 존 웨슬리의 인상은 조지 휘트필드의 마음에 깊이 새겨졌다. 이 첫 만남 이후, 두 사람은 평생을 두고 친구가 되기도 하고 대립하기도 하며, 서로에게 중요한 존재가 되었다.

회원들은 모두 경건하고 근엄하게 보여 처음엔 거리감을 느꼈다. 그러나 시간이 지나면서 그들이 얼마나 사랑이 많은 사람들인가를 깨달았다. 그들은 모두 클럽 활동에 열심을 품고 있었으며, 개인적으로 경건한 삶을 위해 노력하고 있다는 것을 금세 느낄 수 있었다. 조지 휘트필드는 이런 그들의 모습에 매력을 느끼고 다른 학생들보다 더 적극적으로 참여했다.

조지 휘트필드는 홀리 클럽에 참가하여 활동했던 소감을 훗날 이렇게 말했다.

이들은 좁은 문으로 들어가려고 누구보다도 더 열심히 힘쓰는 사람들이었다. 그들은 예수 그리스도를 온전히 따르기 위해 극단적일 만큼 자기의 소욕들을 절제하였고, 사물들을 향해서는 사도 바울처럼 배설물로 여겼다. 그들은 그리스도 한 분을 얻기 위하여 세상에 대해서는 죽은 사람들이 된 것이다.

그들의 가슴에는 하나님의 사랑으로 가득 차 있었으며, 다른 사람들에게서 비난을 들을 때조차도 그들은 동요하지 않았다. 비난하는 이들을 미워하거나 똑같이 비난하는 일도 없었다.

이런 분위기 때문에 나도 쉽게 그들의 규칙을 받아들일 수 있었으며, 짧은 시간이라도 낭비하지 않으려고 노력했다. 또한 예수 그리스도 앞으로 더 나아가기 위해 예전보다 더욱 열심히 기도하고 성경을 읽었다.

조지 휘트필드가 홀리 클럽과 만난 것은, 말라가던 물고기가 물줄기를 만난 것과 다름없었다.

거듭나는 체험

　　　　　　　　　조지 휘트필드는 홀리 클럽에서
교제를 하면서부터 신앙생활에 큰 변화가 생겼다. 일체의 사치나 허
영은 버리고 오직 엄격한 정신적 훈련에만 마음을 쏟았다.

　그러다가 또 한 번의 전환을 맞았다. 우연한 기회에 한 권의 책을
구해 읽었는데, 이 책 한 권이 이제까지의 신앙생활에 대한 그의 생
각을 완전히 뒤바꿔놓았다. 스코틀랜드 사람인 헨리 스쿠걸이 쓴
《인간의 영혼 안에 있는 하나님의 생명》이라는 책이었다. 구원에 있
어 필요한 것은 인간의 행위가 아니라 거듭나는 일, 다시 말하면 중
생이라는 점을 그 책은 누누이 강조하고 있었다.

　조지 휘트필드는 이 책을 반복하여 읽으면서 매우 당황했다. 왜냐
하면 그 책에 담겨 있는 내용은 여태까지 홀리 클럽에서 주장하던,
사람이 구원에 이르려면 세속적인 행동은 과감히 떨쳐버리고 선행

을 하며 엄격한 규율을 지켜나가야 한다는 사고방식과는 완전히 달 랐기 때문이다.

'이게 어떻게 된 일이지. 그렇다면 나는 지금까지 헛된 신앙생활 을 해왔단 말인가?'

게다가 이 책을 읽는 동안 그의 마음을 가장 크게 사로잡았던 것 은, 참된 신앙이란 나의 행위에 의해서 이루어지는 것이 아니라 내 가 그리스도와 하나가 되어 내 안에서 그리스도의 형상이 이루어지 는 것이라고 분명히 정의하고 있다는 점이었다. 이 책을 통해 조지 휘트필드는 거듭남의 중요성을 새삼 깨닫게 되었다.

이때부터 그는 엄격한 금욕적인 생활 태도로부터 관심을 돌려 '하나님의 생명'을 얻기 위해 고심하기 시작했다. 아무리 노력하여 선행을 쌓았더라도 정작 귀중한 생명을 얻지 못한다면 그처럼 두려 운 일이 어디 있으랴 싶었기 때문이다.

그는 당시의 심정을 이렇게 말했다.

> 내가 그 책을 읽고 난 뒤의 느낌은 한마디로 '놀라움' 그 자체였 다. 그래서 이때까지 지녔던 평안은 어디론가 사라져버리고 도리 어 두려움이 내 마음을 사로잡았다.
>
> 나는 이때부터 침상에서 신음으로 밤을 지새우기 일쑤였고, 사탄 의 꾐에서 벗어나려고 얼마나 몸부림쳤는지 모른다. 심지어는 몇 주일 동안을 엎드려 뒹굴면서 계속 기도만 하기도 했다.

이런 정신적 진통은 1734년 가을에 시작되어 이듬해인 1735년 고난주간이 이를 때까지도 계속되었다. 그동안 번민과 고통이 얼마나 심했던지, 그는 학교 공부도 제대로 할 수 없었다.

그를 눈여겨보던 지도교수가 어느 날 그를 불렀다.

"이보게 휘트필드 군, 자네 요즘 들어 무슨 고민이라도 있나?"

"예, 개인적인 일로 좀…."

"개인적인 일이라니?"

"사실은 신앙생활 문제로…."

조지 휘트필드는 지도교수에게 신앙생활에 대한 갈등과 어려움을 차근차근 털어놓았다. 휘트필드의 말을 다 들은 후, 교수는 그의 어깨를 토닥이며 충고해주었다.

"따지고보면 그런 고민은 사람 스스로가 만들어낸 것이지, 하나님께서 일부러 우리에게 던져주신 것은 아니잖은가. 그러니 자신의 마음을 지나치게 괴롭히지 말고 차분한 심정으로 여유롭게 풀어가게나. 진리는 순리와 같으니까 말이야. 안 그런가, 조지?"

그 교수의 말이 옳기는 했다. 그렇더라도 교수의 충고가 휘트필드의 문제를 푸는 열쇠가 되지는 못했다. 그에게는 어떻게 해야 거듭남을 체험하고 하나님의 생명을 얻을 수 있느냐 하는 것이 가장 중요한 문제였기 때문이다.

고난주간이 되었을 즈음에는 휘트필드의 몸이 너무 약해져서, 교정의 계단도 겨우 오를 정도가 되었다. 그는 눈앞에 닥친 신앙 문제를 해결하기 위해서 자기 자신도 모르게 이전보다 더 혹독한 고행을 했다. 때로는 식사를 하는 것조차 잊어버렸고, 심지어 누더기 옷에다 다 떨어진 신발을 며칠이고 끌고다니기도 했다.

의사는 조지 휘트필드를 진찰한 후에 매우 걱정스러운 진단을 내렸다.

"이런 약한 몸으로 활동한다는 것은 무리입니다. 어느 정도 몸이 회복될 때까지 침상에 누워서 휴식을 취하십시오."

"그 정도로 약해졌습니까?"

"그냥 허약해진 정도가 아닙니다. 여기서 만약 탈진 상태까지 간다면 회복하기가 더 어렵습니다."

"…알겠습니다."

그는 의사의 말대로 이때부터 7주 동안이나 침상에 누워서만 지냈다. 그러면서도 그는 죄가 생각날 때마다 낱낱이 죄를 기록해두고 아침저녁으로 그 죄를 하나님께 고백하곤 했다. 그러나 그는 여전히 영원한 생명을 얻었다는 확신을 얻지 못한 채 영혼의 괴로움과 답답함 가운데 허덕이고 있었다.

그러던 어느 날 조지는 하나님의 응답을 얻었다. 이날도 그는 답답한 마음으로 기도하고 있었는데, 뜻밖에 하나님의 음성이 마음에 뇌성처럼 울려왔다.

"영원한 생명은 나의 선물이다. 오직 나의 은총으로만 얻을 수 있다. 인간의 어떤 행위로가 아닌 오직 나를 믿는 믿음으로 받게 된다. 네가 아무것도 할 수 없다고 느꼈을 때, 바로 그때 나의 은총이 임하는 것이다."

하나님의 음성을 들은 조지 휘트필드는 그 자리에서 벌떡 일어나 두 팔을 높이 치켜들면서 이렇게 소리쳤다.

"오, 하나님! 결코 저를 버리지 않으셨군요. 감사합니다. 영원한 생명을 주셔서 진정 감사합니다."

이날의 체험으로 휘트필드는 극도의 절망 상태에서 벗어나 영혼의 평안함을 얻었으며 영원한 생명에 대한 확신을 가지게 되었다. 이때의 체험을 그는 이렇게 회고했다.

하나님께서 한순간에 나의 무거운 짐을 해결해주시고 동시에 영원한 생명을 허락하셨을 때, 아, 나는 그 순간 얼마나 감격스러웠는지 모른다! 그것은 이 세상의 그 어떤 것으로도 표현할 수 없는 기쁨이요 하늘의 영광을 맛보는 기쁨이었다. 나는 이날의 감격을 잊을 수 없다. 이날 나는 새로 태어났고, 새로운 마음으로 나의 인생을 계획할 수 있었다.

조지 휘트필드가 이처럼 감격적인 거듭남의 체험을 한 것은 1735년 부활절이 지난 몇 주 후였다. 이때 그의 나이는 스물한 살이었다. 그는 이런 놀라운 체험을 한 후 감격스러움을 혼자 감당하지 못해 가까운 친구들에게 알렸고, 자기의 형제나 친척들에게는 편지로 알렸다. 하루하루 확신에 찬 기쁨으로 생활해갔다. 두려움은 사라지고 마음엔 잔잔한 평화와 사랑이 흘렀다.

하지만 조지 휘트필드는 여러 달 동안 죽음을 각오하고 신앙 문제로 고민하고 고행을 했기 때문에 몸이 무척 쇠약해져 있던 터라, 학교를 쉬고 고향 글로스터로 내려가야만 했다. 건강이 나빠져서 고향으로 내려가는 그는, 학교 생활에 대해 아쉬움을 느끼긴 했지만 다시 태어났다는 기쁨 때문에 약간 흥분한 상태였다.

그는 고향에 도착한 후에 시장이자 서점을 경영하고 있던 가브리엘 해리스의 집에서 머물렀다. 그는 휘트필드를 친절하게 맞아주었다. 휘트필드는 고향에서의 하루하루를, 기도 시간 외에는 주로 신앙서적들을 탐독하는 일로 보냈다. 그가 읽은 책들은 주로 종교개혁자들과 청교도들의 책이었고 성경 주석과 신앙고전도 읽었다. 이런 책들은 복음적인 교리를 이해하는 일에 큰 도움을 주었다. 그가 《매튜 헨리 주석》을 주의 깊게 읽었던 것도 이때의 일이었다.

그러나 그 어떤 책보다도 감동을 받은 책은 역시 헬라어 성경이다. 그는 그때의 일을 이렇게 들려주었다.

나는 예전보다 훨씬 더 열린 마음으로 정해진 시간마다 무릎을 꿇고, 기도하는 심정으로 성경 한 문장 한 문장을 읽어가기 시작했다. 말씀 한 구절 한 구절 속에서 전해져 오는 신선한 생명의 빛과 힘은 내 영혼 깊은 곳까지 파고들었고, 그것은 곧 내 영혼의 생명 양식이요 음료가 되었다.

후에 조지 휘트필드가 많은 군중들 앞에서 아무런 사전 준비 없이도 몇 시간씩 계속하여 거침없이 설교를 할 수 있었던 데에는 이처럼 평소에 책을 많이 읽는 것이 큰 도움이 되었다. 특별히 계획을 세우고 성경을 비롯해 여러 책을 읽은 것은 아니었다. 그러나 이렇게 평소에 준비된 그의 지식들을 하나님께서는 하나님의 때에 맞춰 사용하셨던 것이다.

한편 그는 틈나는 대로 고향 사람들에게 복음과 함께 자기의 체험을 증거했다. 그러자 그를 따르는 공동체가 생겨나기도 했다. 그가 열렬히 복음을 증거할 때마다 고향 사람들은 칭찬을 아끼지 않았다.

"조지는 어렸을 적부터 연설을 참 잘했지."

"그런 재주로 복음을 전하니 귀에 쏙쏙 들어오는걸."

"장차 신부가 되면 아주 잘하겠어."

사제가 되는 것은 조지가 어렸을 적부터 키워온 꿈이었다. 그런데 오히려 그가 거듭남을 체험한 후에는 그 꿈에 대해 두려운 마음이 들기 시작했다.

'사제가 되고 설교자가 된다는 것은 많은 사람들의 영혼을 책임지는 사람이 되는 일인데, 섣불리 결정했다가 그 일을 소홀히 해서는 안 돼.'

그는 진로 문제로 고심하다 하나님께 기도를 드렸다.

"하나님 아버지, 오랫동안 제 꿈이었던 한 사제가 되는 길을 요즘은 오히려 피하고 싶습니다. 많은 사람들을 바르게 인도한다는 것이 얼마나 어려운 일인지를 알기에 두려운 마음이 듭니다. 그러나 하나님, 하나님께서 나의 길을 인도하소서. 하나님께 맡겨진 인생이오니 하나님 뜻대로 이루소서."

조지 휘트필드는 고향에서 휴식을 취한 지 9개월 만에 옥스퍼드 대학에 복학하였다. 그리고 그후 1년 만에 일반 과정을 마치고 졸업과 동시에 학사 학위를 받았다.

대학을 졸업한 후 조지는 진로 문제로 더욱 심각하게 고민했다. 사제의 길을 선택할 것인가를 놓고 고민했다. 그러나 시간이 지나고 고민할수록 그의 생각은 사제가 되어야 한다는 쪽으로 기울었다.

'사실 하나님의 전권 대사직을 위임받은 전도자가 된다는 것만큼 이 땅에서 귀중한 일이 어디 있으며, 또 그보다 더 영광스러운 일이 어디 있겠는가. 나는 매우 약한 존재에 불과하지만 겸손한 마음을 가지고 온전히 하나님께만 맡기면 하나님께서 이루시지 않겠는가!'

그러던 중 그는 뜻밖에 고향 글로스터 교회에서 활동하고 있던 벤슨 주교로부터 편지 한 통을 받았다. 의논할 일이 있으니 속히 방문해 달라는 내용이었다.

조지 휘트필드는 즉시 글로스터의 벤슨 주교를 찾아갔다.

"휘트필드 군, 졸업을 축하합니다."

"감사합니다, 주교님."

"어떻습니까? 이제 휘트필드 군은 사제가 될 준비를 해야지요."

"아직 마음을 결정하지 못해서…."

"아직이라니 그게 무슨 말입니까? 휘트필드 군 같은 인재가 주님의 일꾼이 되지 않는다면 누가 이 땅에서 복음을 전하겠습니까!"

벤슨 주교는 말을 이었다.

"나는 지금 이 문제를 구체적으로 의논하려고 휘트필드 군에게 만나자고 했습니다."

"구체적이라니요?"

"사제 서품을 받기에 앞서 우리 글로스터 교회에서 내 손으로 직접 부제 서품을 주려고 합니다."

당시 영국 국교회에서는 부제를 거쳐 1년 후에는 사제 서품을 받고, 그 후에 주교의 자리에까지 오를 수 있었다. 벤슨 주교는 사제가 되기 위한 과정을 절차대로 진행하고 시작하기 위해 휘트필드를 불렀던 것이다.

휘트필드는 벤슨 주교에게 진심을 담아 물었다.

"저처럼 부족한 사람이 성직자의 길을 걸어도 되겠습니까?"

"휘트필드 군, 자신이 부족한 사람이라는 것을 안다는 사실만으로도 성직자가 될 수 있는 자격이 충분합니다. 그래야만 하나님만을 의지할 것 아닙니까."

"주교님 말씀을 듣고 나니 용기가 납니다. 하지만 한편으로는 제가 정말 하나님의 일을 잘 해낼 수 있을지 두렵기도 합니다."

"걱정하지 마세요. 나도 늘 나 자신이 부족하다는 생각을 합니다. 그러나 하나님을 의지하고 의뢰하며 나아갈 때, 하나님은 언제나 저보다 앞서 가시며 나의 길을 인도하셨습니다."

"감사합니다. 주교님의 말씀이 무슨 뜻인지 이해가 됩니다. 그러나 조금만 더 기다려 주셨으면 합니다. 참으로 중요한 결정이니, 좀 더 기도해보고 싶습니다."

"좋습니다. 이런 일은 사람의 생각만으로는 안 되는 일이니까요."

이날 이후 조지는 사제의 길을 걷는 일에 대해 기도하면서 진지하게 생각했다. 그러나 확실한 결정을 내리기까지 그리 오랜 시간이 걸리지는 않았다. 하나님께서 그에게 용기와 확신을 주셔서 결단하게 하셨기 때문이다.

결정을 한 휘트필드는 즉시 벤슨 주교에게 이 소식을 알렸다. 벤슨 주교는 그의 결정이 당연한 결정이라는 듯 이후의 절차를 서둘렀다.

≈

1736년 6월 27일, 조지 휘트필드는 글로스터 교회에서 주교인 벤슨 주교의 집례로 부제 서품을 받았다. 예비 성직자가 된 것이었다.

영국 국교회는 부제 서품을 받았을 때부터 그에게 교회 강단에서 설교를 할 수 있는 권리를 주었다. 그러므로 조지 휘트필드는 이제 정식 설교자가 된 것이다. 그는 고향의 세인트 메리 크립트 교회에서 첫 번째 설교를 했다. 이 교회는 조지 휘트필드가 세례를 받은 곳으로서, 그에게는 마치 어머니와 같은 교회였다.

"오늘은 조지가 우리 교회에서 정식으로 설교한다는구만."

"모르긴 하지만 아마 그의 설교는 들을 만할 거야. 어렸을 적부터 남다른 데가 있는 아이였으니."

"한번 가서 들어보세나."

글로스터에 살고 있던 많은 신자들은 미리부터 조지의 설교에 대해 기대를 하고 있었다. 그는 처음으로 올라서는 강단이라 긴장하여 떨렸으나, 많은 신자들의 기대에 찬 모습들을 보는 순간 힘이 났다. 어릴 때 학교에서 연설도 해봤고 여러 사람들 앞에서 신앙 간증도 해봤기 때문에 이내 떨리는 마음을 가라앉혔다.

"사랑하는 부형과 형제자매 여러분, 하나님의 참된 말씀을 가지고 이처럼 여러분에게 전하게 되어 정말 영광입니다."

이렇게 설교를 시작한 그는 내내 확신에 찬 어조로 말씀을 전했다. 그의 설교에는 하나님만을 온전히 신뢰했던 강력한 선지자들의 메시지와 같은 힘이 있어 신자들의 시선을 집중시켰고, 그들 가슴에 새로운 감동을 안겨주었다. 그야말로 영국 안에 대설교자 한 사람이 탄생하는 순간이었다.

첫 설교를 성공적으로 마친 조지 휘트필드는 자신감과 함께 하나님께 대한 감사의 마음으로 가슴이 울렁였다.

신대륙에 다녀와서

그 후 조지 휘트필드는 다시 옥스퍼드 대학교로 돌아가서 석사 과정의 공부를 시작했다. 훌륭한 사제가 되려면 더 많은 지식을 쌓아야만 한다는 생각이 들었기 때문이다.

이 무렵에는 홀리 클럽의 활동은 흐지부지한 상태였다. 모임의 리더였던 존 웨슬리 형제가 선교사로서 신대륙*에 건너갔고, 나머지 회원들도 영국 곳곳에서 사역을 하거나 준비하고 있었기 때문이다. 그러다보니 홀리 클럽은 이름만 남아 있는 모임이 되고 말았다. 그러나 휘트필드가 옥스퍼드로 돌아간 후에는 그를 중심으로 홀리 클럽은 다시 힘을 얻기 시작했다.

★ 신대륙 아메리카 대륙을 일컫는 말. 당시 북아메리카 대륙은 영국의 식민지였다. 영국 본토와의 대립과 갈등 끝에 1776년에 독립을 선언하면서 미합중국이 출범했다.

대학으로 돌아간 조지 휘트필드는 공부에만 열중하기 위해 자신을 더욱 채찍질하였다. 그러나 여기저기에서 설교 요청이 들어와, 그가 공부에만 열중하도록 내버려두지 않았다.

첫 번째 설교 청탁은 런던 탑 교회에서 목회를 하고 있던 친구 토머스 브로턴으로부터 받았다. 청탁을 받은 후 처음엔 망설였다. 그는 기도와 고민 끝에 하나님이 자신을 런던(London)으로 보내신다는 확신을 가지고 설교 요청을 받아들였다.

그가 강단에 섰을 때 많은 사람들은 그의 겉모습을 보고 수군거렸다.

"어휴, 저렇게 어린 사람이 설교자라니 원."

"아직 학생 티도 벗지 못했는걸."

대부분의 신자들은 조지 휘트필드의 외모를 보고 실망스러워했다. 그러나 그의 설교를 들은 후에는 놀라움을 감추지 못했고, 시간이 지나면서 오히려 점점 빠져들어갔다.

"사랑하는 형제자매 여러분, 이제 여러분도 새로 태어나는 체험을 해야 합니다. 그저 잘 믿는 정도로는 안 됩니다. 거듭나는 체험 없이는 구원에 이를 수 없기 때문입니다."

조지 휘트필드가 설교를 마치자 그들은 일제히 '아멘'을 외쳤고, 돌아가는 입구에서 그에게 큰 감사를 표했다.

"정말 훌륭한 말씀이었습니다."

"이렇게 감동적인 설교를 해주셔서 고맙습니다."

"앞으로도 좋은 말씀을 계속 들었으면 좋겠습니다. 또 와주시겠지요?"

그가 런던에서 설교하던 두 달 동안, 런던 곳곳의 기독교 공동체에 속해 있던 젊은이와 귀족들은 그의 설교를 듣기 위해 찾아왔다. 그때 휘트필드는 그들에게 '거듭남'에 대해 집중적으로 가르쳤다.

그는 런던에서의 사역을 잘 마치고 옥스퍼드로 돌아왔다. 그러고는 시간을 쪼개서 1분 1초도 헛되이 쓰지 않도록 노력하며 공부와 신앙생활에 열심을 냈다. 그러나 얼마 지나 지나지 않아 또 그에게 설교 청탁이 왔다. 런던에서 돌아온 지 6주 후에, 홀리 클럽 출신의 찰스 킨친이 그에게 더머(Dummer) 교구로 와서 설교를 해달라고 부탁한 것이다.

그는 더머로 갔다. 더머는 배움이 없고 가난한 사람들이 모여 사는 곳으로, 런던과는 매우 다른 분위기였다. 그러나 휘트필드는 그들에게도 똑같이 열심히 말씀을 전했고, 오히려 가난한 그들의 모습을 통해 많은 것을 배울 수 있었다. 설교 청탁은 이후로도 끊임없이 이어져 공부가 오히려 부수적인 일처럼 보일 정도였다.

그의 설교는 힘이 있고 뜨거웠다. 사람들은 그의 설교를 들으면서 마음에 뜨거운 감동을 받았고, 눈물을 흘리며 회개하는 역사가 곳곳에서 일어났다. 그래서 곳곳에 이런 말이 퍼졌다.

"조지 휘트필드의 설교는 불과 같다."

이처럼 한창 설교에 열을 올리고 있을 무렵, 그는 존 웨슬리로부터 편지 한 통을 받았다.

그리스도의 일꾼이 된 조지 휘트필드에게 이 글을 드립니다. 이곳 신대륙에서의 전도 사업은 많은 어려움이 있지만 그만큼 보람도

큽니다. 그래서 당신도 이곳으로 건너와서 우리와 함께 일했으면
하는 생각이 듭니다. 만약 오겠다고 결정을 한다면, 다음 기회에
오글레돕 장군이 영국을 들러 이리로 올 때 동행해주기 바랍니다.

오글레돕 장군은 박애주의 정신을 가지고 일찍부터 조지아 주에
서 개척을 주도하고 있었다. 그는 그곳을 여러 가지 억압과 박해를
피해서 신대륙으로 건너온 청교도들의 편안한 정착지로 만들려고
했다. 존 웨슬리 형제가 신대륙을 간 것도 오글레돕 장군이 주선했
기 때문이다.

사실 휘트필드는 친구의 요청으로 런던에서 설교하던 때에 존 웨
슬리로부터 첫 번째 편지를 받았다. 홀리 클럽의 회원들에게 도움을
요청하는 편지였다.

당시에 존 웨슬리와 찰스 웨슬리 형제는 선교사로서의 고난과 보
람이 자기들의 구원을 이루는 데 도움이 될 것이라고 생각하고 신대
륙으로 건너갔다. 그러나 그곳에서의 사역은 그리 만만하지 않았다.
여러 가지 어려움과 사건들 때문에 찰스 웨슬리는 7개월 만에 영국
으로 돌아왔다. 함께 갔던 홀리 클럽의 잉검 또한 식민지 생활을 견
디지 못하고 영국으로 돌아가버리자, 존 웨슬리는 조지 휘트필드에
게 두 번째 편지를 보낸 것이다.

조지 휘트필드는 존 웨슬리의 편지를 받은 후 친구에게 어떻게 하
는 게 좋을지를 묻기도 하고 하나님의 뜻이 어디에 있는지 기도하고
기다리며 고민했다. 그러다가 선교사로서 신대륙에 가기로 결정하
고는 즉시 웨슬리에게 답장을 보냈다.

그런데 그는 1년이나 지난 후에 신대륙으로 출발했다. 보이지 않는 장애물 때문에 1년 후에나 신대륙으로 가는 배에 오를 수 있었다. 그러나 그가 신대륙에 가기까지의 1년은 그의 삶에서 가장 중요한 한 해였다고 해도 과언이 아닐 정도였다.

1737년, 그의 불 같은 설교는 영국 전역을 떠들썩하게 했다. 그가 가는 곳마다 사람들은 구름떼처럼 모여들었고, 이들은 곧 그의 설교를 듣고 감격스러운 회심을 했다.

사람들은 휘트필드가 설교할 때마다 그의 탁월한 웅변력, 풍부한 목소리, 뛰어난 표현력 등에 빠져들었다. 그의 이름은 브리스틀, 런던, 글로스터 외에도 여러 곳으로 퍼져나갔다.

그는 조지아로 떠나기에 앞서 작별인사를 하기 위해 브리스틀로 갔다. 그곳에서 4주 동안이나 설교를 계속했는데, 집회 동안 내내 장소가 비좁아 많은 사람들이 발길을 되돌려야만 할 정도였다. 조지 휘트필드는 스톤하우스에 가서도 브리스틀과 마찬가지로 집회를 인도했다. 이때쯤에는 그의 설교가 더욱 성숙해져서 듣는 이들에게 깊은 메시지를 전해주었다.

그는 이 무렵의 일들을 후에 다음과 같이 들려주었다.

나는 일주일에 평균 아홉 번 정도 설교를 했다. 그 당시 집회 때면 진귀한 광경들이 벌어지곤 했다. 사람들이 높은 오르간 난간에 매달려 있는 모습이나, 심지어 예배당 지붕 위에까지 사람들이 올라가서 강단을 주목하고 있는 모습들도 볼 수 있었다.

그렇게 설교를 하고 나면 장내에 꽉 들어찬 사람들이 내뿜는 열기 때문에 습기가 서려 건물 벽과 기둥에서는 물이 줄줄 흘러내리기도 했고, 설교를 마치고 강단에서 밖으로 빠져나오는 데에도 시간이 많이 걸렸다.

어떤 한 귀족은 조지 휘트필드의 사역을 두고서 이렇게 말했다.

> 그의 설교는 우리 영국 사회의 각계각층의 사람들로부터 비상한 관심을 불러모으기에 충분했다. 그는 가는 데마다 기쁜 구원의 소식을 선포하는 일에 최선을 다하였고, 그때마다 청중들은 뜨거운 감동을 받았다. 그의 명성과 인기도 대단하여 그가 어디를 가나 환호하는 군중이 그를 막아서곤 했다. 만약 하나님께서 그를 끝까지 지켜주시지 않았다면 아마 높은 인기가 그를 파멸시켰을지도 모른다.

이렇게 휘트필드의 인기가 높아가자 그의 시샘하는 무리들이 생겨났다. 이제 막 부제 서품을 받은 신출내기 성직자가 사람들에게 추앙을 받고 그의 설교 또한 높이 평가되자 몇몇 사제와 주교가 반발하기 시작했다. 휘트필드의 인기를 질투하고 그의 설교를 듣기 위해 몰려가는 신자들 앞에서 꺾인 자존심 때문이었다.

그들은 "더 이상 휘트필드 강단에 세워서는 안 된다"고 말했다. 그들이 내세운 명분은, 휘트필드가 주장하는 '거듭남'이나 '믿음에 의한 의' 등의 주제가 영국 국교회의 교리와 맞지 않는다는 것이었다.

그러나 휘트필드는 영국 곳곳에서 복음을 전파하며 사람들의 가슴에 신앙을 심어주었다.

1737년 12월, 조지 휘트필드는 4개월 동안의 런던 사역을 마치고 휘태커 호에 몸을 실었다. 더 이상 지체할 수가 없어 오글레돕 장군의 일정과는 상관없이 조지아 주를 향하여 개인적으로 출항하기로 했다. 그의 신대륙행은 많은 기대를 갖고 계획한 일이었기 때문에 시간이 지날수록 더욱 마음이 조급해졌고, 이 기회를 놓치면 안 되겠다는 생각에 서둘러 떠났던 것이다.

　　그런데 묘하게도 그가 신대륙으로 가는 배에 몸을 싣고 딜 항에서 출항을 기다리는 사이에, 존 웨슬리는 반대로 새뮤얼 호를 타고 영국으로 돌아오고 있었다. 두 사람은 같은 시간에 정반대편을 향해 여행을 한 것이다.

　　존 웨슬리는 홀리 클럽에서 가졌던 이상 그대로 규칙적이고 경건한 삶을 통하여 구원을 얻으려고 했다. 그가 신대륙에서 사역을 하는 동안에도 그의 생각은 바뀌지 않았다. 오히려 엄격하게 규칙을 지키고 더 큰 노력을 하며, 신대륙을 바꾸고 자기 자신을 성장시키려 했다. 하지만 그의 그런 구원 논리는 시간이 갈수록 점점 더 신앙의 회의에 빠지게 했고, 자신의 한계에 부딪치게 했다. 결국에 신대륙에서 자신의 전도 활동이 실패했음을 인정하고 귀국길에 올랐다.

　　존 웨슬리는 영국에 도착하여 그 사이에 조지 휘트필드가 이룩해 놓은 영적 부흥을 확인하고는 매우 놀랐다. 그는 휘트필드의 설교의 핵심이 거듭남이며, 그의 설교를 들었던 사람들도 거의가 거듭남을 체험했다는 사실을 발견했다.

한편 조지 휘트필드는 이듬해인 1738년 2월 2일에 영국을 떠나 4개월 만에 조지아 항에 도착했다. 그는 신대륙에 도착한 다음날 아침 시간에 첫 예배를 드렸다. 어른 17명과 어린아이 20여 명이 예배에 참석했다.

존 웨슬리가 영국으로 돌아와서 조지 휘트필드가 이룩한 성과를 확인한 것과는 달리, 조지 휘트필드는 조지아 주에 와서 존 웨슬리의 실패를 확인했다. 그는 존 웨슬리의 사역 현장을 살펴보면서, 오직 믿음에 의한 의와 거듭남을 설교하는 자신의 사역에 더욱 확신을 가졌다.

'그래, 하나님의 일을 사람의 힘에 의지해서는 안 돼. 인간의 구원에는 오직 하나님의 은총만이 있을 뿐이야.'

조지 휘트필드는 곧바로 조지아 주에서 복음 사역을 시작했다. 그 전에 규칙과 경건을 강조하던 존 웨슬리 때문에 닫혀 있던 사람들의 마음이 조금씩 열리기 시작했다. 그들은 마음을 조금씩 열고 풀면서 휘트필드에게 호의를 보였다. 그는 조지아 주에서 순탄한 출발을 할 수 있었다.

조지 휘트필드의 접근 방법은 존 웨슬리와는 전혀 달랐다. 엄격한 생활을 강조하지도 않았을 뿐만 아니라 태도부터 온화하고 부드러워 다른 사람들의 마음을 편안하게 만들었다. 그러다보니 많은 사람들이 그를 따르게 되었다.

예배드리는 장소에는 날이 갈수록 더 많은 사람들이 찾아와서 자리를 가득 채웠다. 그의 설교는 사람들의 마음을 끌고 영혼을 감화시키는 힘이 있었다.

"당신은 하나님께서 우리를 위하여 이곳으로 보내신 사람입니다."

"당신이 전하는 말씀은 정말로 감동스러워요."

"이곳에서 오래도록 우리에게 좋은 말씀 들려주세요."

사람들은 어린아이처럼 그를 따르고 좋아했으며, 오랫동안 기다리던 사람을 만나기라도 한 듯이 친절하게 그를 대했다.

조지 휘트필드는 조지아 주에서 지내는 동안 매우 중요한 사실을 하나 발견했다. 이곳에 유독 고아들이 많다는 것이다.

휘트필드는 식민지의 사무관인 윌리엄 스티븐슨과 이 문제에 대해 이야기를 주고받으면서 고아들의 문제 해결에 대한 필요성을 더 크게 느꼈다.

"대령님, 이곳은 영국보다 고아들이 더 많은 것 같습니다."

"맞습니다. 휘트필드 신부님이 잘 봤군요. 이곳 나름대로의 사정이 있어서 고아들이 참 많답니다. 안타까운 일이지요."

"이곳의 사정이라니, 어떤 일입니까?"

"이곳은 신대륙이라 여러 가지 시설이 부족합니다. 게다가 다른 어느 곳보다도 사고나 질병으로 갑자기 죽는 사람도 많고요. 그러다 보니 그 자녀들이 고아가 되는 것이지요."

"보통 그런 일이 생기면 친척들이 후견인이 되어서 아이들을 돌보지 않습니까?"

"하지만 이곳이 개척지이다보니 일가친척이 바다 건너 멀리 있는 경우가 대부분입니다. 바다 건너의 사정을 일일이 알기는 힘든 노릇이니까요."

신대륙은 그때만 해도 개척지였기 때문에 사고와 사건들이 많았다. 그러다보니 사람이 죽는 경우가 많고, 그런 일을 당하면 그들의 자녀들은 아무런 대책 없이 고아가 될 수밖에 없었다. 통신이 발달한 시대가 아니었기 때문에 바다 건너 신대륙에서 일이 어떻게 돌아가는지 알 수도 없었다.

"그러면 그 아이들을 돌볼 시설은 없습니까?"

"필요하다고 생각은 합니다만 고아원을 만드는 게 쉬운 일은 아니지요."

조지 휘트필드는 저절로 한숨이 나왔다. 길거리를 떠돌며 보살핌을 받지 못하는 아이들이 머릿속을 떠나지 않았다.

'불쌍한 고아는 많이 생겨나는데 이들을 수용하여 보살필 시설이 없다니, 참으로 안타깝구나.'

그는 마음이 무거웠다. 그리고는 잠시 무엇인가 생각하더니 스티븐슨 대령을 향해 말문을 열었다.

"대령님, 복음을 전하는 일도 중요하지만 저 고아들을 돌볼 고아원을 세우는 게 더 급한 일인 것 같습니다. 성경에서도 고아와 과부의 하나님이라고 말씀하고 있으니까요."

"하지만 휘트필드 신부님, 고아원을 세우려면 허가서도 필요하고 비용도 필요합니다."

"제가 영국으로 돌아가겠습니다."

"영국으로 돌아가다니요?"

"영국에서 고아원 설립을 위한 기금을 모으려고요. 영국에 있을 때 각처에서 전도 집회를 많이 인도했으니, 돌아가서 집회를 통해 기금을 모으면 됩니다."

"하지만 이곳에서 복음을 전하는 일도 중요하지 않습니까?"

"그 일은 지금 당장 내가 하지 않아도 다른 사람이 할 수 있습니다. 그러나 고아들을 향해 뜨거운 마음이 드는 것은 하나님이 내게 주신 마음일 테니, 그 일을 하는 것이 우선이라고 생각합니다."

이런 일로 조지 휘트필드는 조지아 주에서 복음을 전한 지 5개월 만에 다시 영국으로 돌아갈 것을 결심했다.

그가 마지막 예배 시간에 잠시 영국으로 갔다가 돌아오겠다고 하니 모두들 아쉬워했다. 또 한편으로는 그가 다시 돌아온다는 말을 의심했다. 조지 웨슬리도 큰소리치며 왔다가 실패하고 떠나갔다. 그 외에도 많은 사람들이 개척지에 발을 디뎠다가 돌아가버렸으니, 의심하는 게 당연했다.

"이곳을 아예 떠나려는 것 아닙니까?"

"기금 얘기가 핑계처럼 들립니다."

"다시 한 번 생각해주실 수는 없습니까?"

조지 휘트필드는 아쉬움과 불만을 표하는 사람들에게 자신의 진심을 이해시키기 위해 자신의 계획을 자세하게 하나하나 들려주었다. 그리고 꼭 다시 돌아오겠다고 약속했다. 사람들은 진심 어린 그의 설명을 듣고 안심했다. 그리고 그가 꼭 돌아오리라고 믿었다.

그는 이윽고 영국으로 향하는 배에 올랐다. 넉 달 동안의 긴 항해가 예정되어 있었다. 그런데 배가 출항한 지 얼마 지나지 않아서 엄청난 폭풍과 파도를 만나고 말았다. 배는 폭풍에 휘말려 순식간에 여기저기가 부서졌고, 돛과 같은 중요한 기구들도 거의 망가지면서 삽시간에 방향을 잃고 말았다. 그런 폭풍은 며칠간 계속되어, 배는 거센 파도를 타고 배는 넓은 바다를 정처없이 표류해야 했다. 위험천만한 표류는 석 달이나 계속되었다. 아찔한 순간순간이었고 긴 악몽의 시간이었다.

배에 탄 사람들은 모두 지칠 대로 지쳐서 체념 상태에 빠져 있었고, 조지 휘트필드 역시 순간순간 기도하며 하나님을 의지했지만 걱정과 두려움이 엄습해오곤 했다. 그렇게 긴 시간을 표류하던 배는 드디어 육지를 발견했다.

먼저 육지를 발견한 몇 사람이 목이 터지도록 외쳤다.

"육지다!"

"육지가 보인다."

"이젠 살았다!"

보이는 곳은 아일랜드 연안이었다. 조지 휘트필드는 일행과 함께 구사일생으로 살아났다. 이렇게 어려운 항해 끝에 배가 영국의 파크게이트 항구에 도착한 것은 1738년 11월이었다.

'항해 도중에 엄청난 풍랑을 만난 것은 하나님께서 나에게 구원이 어떤 것인가를 다시금 확인시켜주는 일이었어.'

그는 영국에 도착한 후 위험했던 순간을 기억하며 그렇게 생각하고 되새겼다.

빼앗긴 설교권

　　　　'조지 휘트필드가 다시 영국으로 돌아왔다.'
이런 소문은 영국 전국에 퍼졌다. 그러자 예전에 그의 설교를 듣고
많은 감동을 받았던 사람들이 그의 설교에 큰 기대를 가지고 다시
그에게 관심을 쏟기 시작했다.

　"그의 설교는 힘이 있어."

　"하나님께서는 그를 통하여 분명히 영국에 다시 한 번 부흥의 불
길을 타오르게 하실 거야."

　"국교회가 존 웨슬리의 입을 막으니까 하나님께서 조지 휘트필드
를 다시 영국으로 부르신 것 아니겠어?"

　그는 돌아오자마자 쉴 틈도 없이 집회에서 설교를 했다. 매일같이
설교와 강론에 지칠 만도 했지만 그는 하나님께 도움을 구하며 진리
를 전했다.

존 웨슬리는 조지 휘트필드가 다시 돌아왔다는 소식을 듣고 그를 만나기 위해 즉시 런던으로 달려갔다. 웨슬리는 신대륙에서의 쓰라린 실패를 경험했기 때문에 그 누구보다도 먼저 그를 만나보고 싶었던 것이다.

"오, 휘트필드 형제, 반갑습니다."

"정말 반갑습니다, 웨슬리 형제."

그들은 휘트필드가 신대륙으로 건너가서 경험한 일들에 대해 이야기했다. 그리고 존 웨슬리의 실패에 대해서도 이야기했다. 그러면서 이런 화제는 두 사람 모두에게 자기를 다시 한 번 되돌아보는 계기가 되었다.

그러면서 존 웨슬리가 '올더스게이트 사건'이라고 부르는, 자신의 회심을 들려주었다.

"옥스퍼드 대학에서 홀리 클럽을 주도한 사람은 나였으나 참된 거듭남의 체험은 휘트필드 형제보다 내가 훨씬 늦었지요…."

그는 신대륙으로 가는 배에서 만난 모라비안 성도들의 믿음에 큰 감명을 받았다. 그리고 조지아에서 사역에 실패하고 영국으로 돌아온 후에 모라비안 성도들과 어울리며, 그들의 지도자를 통해 참 믿음이 무엇인지 알게 되었다고 말했다.

1738년 5월 24일 저녁 시간에 어떤 모임에 참석했다가 거기에서 '구원은 오직 예수 그리스도를 믿음으로만 얻을 수 있다'는 말을 들었다. 그 순간 그는 거듭남을 체험했다고 고백했다.

"오, 정말 놀라운 일입니다."

그 말을 전해듣고 조지 휘트필드는 마치 자기의 일이라도 되는 것처럼 기뻐했다. 존 웨슬리는 말을 이었다.

"나는 그 후 곧 독일로 건너가서 모라비안 성도들의 지도자인 진 젠도르프를 만나 그곳에서 얼마간 지냈습니다. 그러면서 거듭남에 대한 확신과 기쁨을 가지고 간증 설교를 시작했지요."

"당연한 결과입니다. 저도 거듭남을 경험한 후에 너무나 기뻐서 그 기쁨과 감격을 표현하지 않을 수 없었거든요."

조지 휘트필드는 자신도 일찍이 경험했던 일이라 공감했다.

"그런데 불행하게도 얼마 지나지 않아 설교의 길이 막히고 말았습니다."

"아니, 왜요?"

"영국 국교회가 나의 설교를 막았기 때문이지요."

"교회가 설교를 막다니, 어떻게 그런 일이 있습니까?"

"여러 가지 이유가 있겠지만, 일단은 내가 설교할 때마다 국교회의 잘못을 지적했기 때문일 겁니다. 그리고 사람들의 관심이 나한테 쏠린 것도 그들의 비위를 건드렸겠지요."

조지 휘트필드는 기가 막혔다. 하나님의 진리를 선포하는 일보다 사람들의 관심을 더 크게 생각하는 국교회의 행동을 이해할 수 없었다. 그는 웨슬리에게 말했다.

"하지만 국교회가 나에게까지 그런 짓은 못할 것입니다. 당신네 형제가 신대륙에 건너가 있던 2년 동안 많은 신자들뿐 아니라 교회 지도자들에게도 인정을 받았으니까요. 그러니 너무 염려하지 말고 함께 때를 기다려봅시다."

하지만 휘트필드가 신대륙으로 건너가기 전부터 그를 반대하는 움직임이 있었던 것을, 그는 미처 생각하지 못했다. 만약 그가 신대륙으로 건너가지 않았다면 아마 국교회에서 웨슬리보다 그를 먼저 막았을 것이다.

휘트필드를 반대하던 세력들은 그가 신대륙으로 떠나면 사람들의 관심에서 멀어질 것이라고 생각했다.

"이런 식으로 가면 휘트필드가 우리 교회 안에서도 판을 치고 말겠는 걸."

"그가 곧 신대륙으로 건너간다고 하던데, 그가 떠나면 금방 시들겠지."

"어쨌든 지금은 지켜보는 수밖에…."

그러나 그들의 예상과 달리, 조지 휘트필드가 신대륙으로 건너간 후에도 여전히 그를 따르는 사람들이 많았다. 그러다가 그가 1년도 못 되어 영국으로 돌아오자, 그의 설교를 듣고 큰 감동을 받았던 사람들이 여러 곳에서 그를 초청했다.

그와 동시에 휘트필드의 반대 세력도 긴장하면서 활동을 시작했다. 그들은 치밀하게 자리를 옮겨가며 모이면서 방책을 논의하였다.

"이제부터 시작이야."

"조지 휘트필드가 설교를 다시 시작하면 또 다시 사람들이 그를 따르며 모여들 테지. 거기에다 존 웨슬리를 따르는 무리들까지 더해진다면 그때는 우리가 손을 쓸 수가 없을 거야. 그 둘은 옥스퍼드 대학교 시절부터 홀리 클럽이란 걸 만들어 함께 활동했으니 말이야."

"그럼 이를 막을 방법이 없을까?"

"아예 처음부터 휘트필드가 설교를 못하게 막아버릴 수밖에."

"그러면 사람들이 반발하지 않을까?"

"물론 그렇겠지. 그렇다고 해도 신자 개개인이 국교회를 거스르지는 못할 거야."

이렇게 해서 국교회에서는 몇 사람이 주도하여 존 웨슬리는 물론 조지 휘트필드까지도 교회의 강단에 서지 못하도록 결정했다.

조지 휘트필드는 신대륙에서 돌아온 후 얼마 지나지 않아 벤슨 주교로부터 사제 서품을 받았다. 벤슨 주교는 휘트필드에게 안수하며 이렇게 축복했다.

"하나님께서 이 종을 붙드시사, 타락한 시대에 참된 기독교의 부흥과 인류를 위해 행하는 모든 사역들 위에 위대한 성공을 주옵소서!"

드디어 휘트필드의 꿈이 이루어졌다. 벤슨 주교가 그에게 물었다.

"안수를 받은 소감이 어떻습니까?"

그는 담담한 태도로 대답하였다.

"오직 충성을 다하여 하나님의 일을 수행해야겠다는 생각밖에 없습니다."

그는 사제 서품을 받은 후에 정식 성직자로서 더욱 열심히 설교하고 사역하겠다고 결심했다. 그리고 얼마 후에 브리스틀로 갔다. 그곳은 전에 설교의 효과가 매우 컸던 곳이어서 휘트필드는 그곳에서부터 설교를 시작하면서 신대륙에 고아원을 설립하기 위한 기금도

모으려고 계획했다.

그런데 그곳의 교회 지도자들이 휘트필드의 설교를 막았다. 그는 매우 당황했다.

"내가 여기서 설교를 할 수 없다니 그게 무슨 말입니까? 저는 정식으로 국교회에서 안수받은 사제자입니다."

"우리도 어쩔 수가 없습니다. 교회의 명령이니까요."

"교회가 하나님의 말씀을 막다니, 이런 법도 있습니까?"

"우리는 그저 위에서 내려온 명령에 따를 뿐입니다. 우리 입장도 이해해주십시오. 죄송합니다."

조지 휘트필드는 기가 막혀서 아무 말도 할 수 없었다. 깊숙한 곳에서 분노가 치밀어올랐다.

'존 웨슬리의 입을 막았다더니, 이제는 나의 입까지 막으려는구나!'

그는 그날 밤을 브리스틀에 있는 누이의 집에서 묵으면서 밤새도록 몸을 뒤척이며 잠을 이루지 못했다. 앞으로 어떻게 해야 할지 막막했다. 이제 앞으로 교회들은 자기를 초청하지 않을 것이 분명했다. 설교를 할 수 없는 설교자를 어떻게 초청하겠는가.

그러다가 그는 문득 웨일즈 지방의 하웰 해리스를 떠올렸다. 그는 학교 교사로 평신도였는데, 조지 휘트필드와 비슷한 시기에 거듭남을 체험했다. 그는 평신도였기 때문에 설교할 권리가 없었다. 그럼에도 불구하고 자기 안에서 끓어넘치는 기쁨과 감격을 전하기 위해, 적당한 시간마다 사람들을 자기 집으로 초청해서 하나님께서 자기에게 하신 일을 들려주기 시작했다.

"여러분, 신앙생활에는 반드시 거듭나는 체험이 있어야만 합니다. 예수께서도 성령으로 거듭나지 않고서는 절대로 하나님의 나라에 들어갈 수 없다고 하셨습니다."

그의 생생한 체험과 증거는 듣는 이들에게 같은 체험을 하게 했다. 그러면서 모여드는 사람들의 마음이 점점 뜨거워지자, 그는 자기 집에서만 증거하지 않고 거리로 나갔다. 그는 사람이 모여 있는 곳이면 어디든지 가리지 않고 찾아가서 자기의 체험을 힘써서 증거했다. 그는 믿음의 중요성을 강조하는 거리의 설교자였다.

그러던 어느 날, 해리스의 소문을 들은 그곳 교구의 지도자들이 그를 찾아왔다.

"당신은 누굽니까?"

"하웰 해리스라고 합니다."

"성직자인가요?"

"성직자는 아닙니다."

"그럼 어째서 설교를 하고 있는 건가요?"

"설교라고요? 누가 설교를 했다는 것입니까?"

"방금도 당신은 사람들을 향해 설교하지 않았습니까?"

"아닙니다. 평신도인 내가 어떻게 설교를 합니까?"

"그럼 지금 사람들 앞에서 설교한 것은 무엇입니까!"

"난 설교를 한 적은 없습니다. 오직 나의 체험을 가지고 사람들에게 믿음을 가지라고 권면했을 뿐입니다."

"하지만…."

"권면도 설교입니까? 내가 뭘 잘못했나요?"

"…"

그들은 아무 말도 할 수 없었다. 해리스는 성직자가 아니었기 때문에 자기가 전하는 말은 설교가 아니라고 했다. 교구 지도자들도 더 이상 뭐라고 반박할 말이 없었다.

하웰 해리스는 얼마 후에는 교사직까지 버리고 전도에만 전념했다. 이때부터는 단순히 간증만 한 것이 아니라 귀족들과 성직자들의 잘못을 대담하게 비판하기도 했다. 그의 용기 있는 발언과 복음에 대한 열정은 듣는 이들에게 큰 도전과 깨달음을 주었다.

조지 휘트필드는 신대륙에서 돌아왔을 때부터 하웰 해리스의 이야기를 들었다. 그러면서 언젠가는 그를 찾아가봐야겠다는 생각까지 하고 있던 터에, 그의 야외 설교가 생각난 것이다.

'거리에 나서서 설교한다? 그래, 왜 그 생각을 못 했을까. 예수님도 일찍이 바깥에서 설교하지 않으셨던가. 게다가 교회가 이제 나의 입을 막아버렸으니, 거리의 설교야말로 내가 할 수 있는 유일한 길이 아닌가!'

고민을 하며 뒤척이던 조지 휘트필드는 곧바로 일어나 밖으로 나갔다. 어느새 날이 밝아 있었다. 아침 공기가 더욱 신선하게 느껴지면서 가슴은 희망으로 부풀었다.

'하나님의 말씀을 사람이 막다니, 안 될 일이지.'

새로운 각오를 가지고 조지 휘트필드는 이튿날 브리스틀에서 얼마 떨어지지 않은 킹스우드 지방으로 발걸음을 재촉했다. 킹스우드는 석탄을 채굴하는 광산촌이었는데, 수천 명이 넘는 광산 노동자와 그 가족들이 살고 있었다. 그들 대부분은 힘겨운 노동과 가난에 허덕이며 살아가고 있었기 때문에 육신적으로나 영적으로 지치고 메말라 있었다. 또 검은 석탄 찌꺼기와 먼지 때문에 주변 환경이 지저분해서 문화시설이나 학교, 교회 같은 건물도 찾아볼 수 없었다. 조지 휘트필드는 그곳에서 말씀에 메마르고 목마른 사람들을 생각하며, 가장 먼저 킹스우드로 달려간 것이다.

이때 휘트필드의 설교에 많은 감화를 받은 윌리엄 슈어드가 동행했다. 두 사람은 킹스우드에 도착한 즉시 집집마다 돌아다니면서 설교를 들으러 오라고 알렸다. 그러나 그곳 사람들은 여태까지 킹스우드를 방문해서 그들에게 호의를 베푸는 사람들을 접해보지 못했기 때문에, 그저 이상한 사람들이라고 생각하며 두 사람의 얼굴을 빤히 쳐다볼 뿐이었다.

거리에서 외친 말씀

설교 시간이 되자 킹스우드의 험한 산 위에는 200명가량이 모였다. 어떤 사람은 호기심에서, 또 어떤 사람은 정말 설교를 듣기 위해 왔다.

휘트필드는 뜨거운 가슴으로 그들을 향해 하나님의 말씀을 전했다. 그것은 그가 처음으로 시도한 거리 설교였다. 환경에 개의치 않은 조지 휘트필드의 이날 설교는 그 어느 교회에서 했던 설교 못지않게 감동적이었다. 그때는 2월이어서 날씨가 꽤 쌀쌀했다. 그러나 그가 설교할 때 그 열기가 얼마나 뜨거웠던지 그 누구도 추위를 느끼지 못할 정도였다.

조지 휘트필드는 킹스우드에서 처음으로 거리의 설교를 한 후에 이렇게 결심했다.

'이제 나의 새 출발은 시작되었어. 하지만 이 일도 앞으로 결코 순탄하지만은 않을 거야. 거리 설교가 성공을 한다면 교회에서 나의 설교를 막았던 사람들이 또 방해를 하겠지. 하지만 그 어떤 경우라도 나는 절대로 물러서지 않을 거야. 내가 복음으로 사람들을 기쁘게 하고 구원의 진리를 바로 전할 수만 있다면 그보다 더 값진 일은 없을 테니까.'

조지 휘트필드가 두 번째로 킹스우드에 갔을 때는 처음보다 열 배나 많은 2천 명의 사람이 모여 있었다. 그런 상황은 계속되어, 그가 세 번째로 방문했을 때에는 4천 명이 훨씬 넘는 사람이 모였다. 이처럼 모이는 사람이 점점 늘어나 그 다음에는 1만여 명이 넘는 사람들이 모여들었다. 그 누구도 상상하지 못했던 일이다.

"정말 조지 휘트필드는 하나님의 전도자가 분명해."

"그의 한마디 한마디는 예리한 검과 같아."

"아무리 목석 같은 사람일지라도 그의 설교에 변화되지 않을 수 없어."

전에는 하나님 이름조차 들어보지 못했던 킹스우드 사람들의 입에서 이런 말들이 예사로 나왔다.

조지 휘트필드가 브리스틀 누이의 집에 머물면서 거리에서 설교를 할 때, 글로스터에서 살고 있던 어머니 엘리자베스가 몇 번이나 찾아와서 그를 격려해주었다. 어머니의 재혼으로 그동안 서로 사이가 좀 멀어지긴 했지만, 어머니의 따뜻한 사랑은 그를 늘 든든하게 했다.

"조지."

"예, 어머니."

"장하구나. 우리 아들이 이렇게 훌륭하게 일을 한다고 생각하니 마음이 뿌듯하다."

"아니에요. 이제 시작인 걸요."

"이런저런 일들로 힘들지?"

"하지만 두고 보세요. 하나님께서 기뻐하시는 일이니, 분명히 좋은 결실을 맺게 해주실 겁니다."

"암, 그렇고말고. 지금도 너를 통한 하나님의 역사는 크게 일어나고 있잖니."

조지 휘트필드가 킹스우드에서 거리 설교에 거듭 성공을 거두자 이때부터 여러 지방에서 설교를 청해왔다. 교회에서는 설교를 할 수 없다는 것을 알고는 거리에서 설교를 해달라는 요청이 몰려들었다.

그가 가는 곳마다 사람들은 구름떼처럼 모여들었다. 거리의 설교가 강단의 설교보다도 오히려 훨씬 더 효과적이었다. 자연 배경이나 주위의 환경을 소재로 삼아 메시지를 증거할 수 있으므로 더욱 현장감이 있었고, 교회라는 제한된 공간이 아니기 때문에 더욱 여러 계층의 많은 사람들에게 숫자 제한도 없이 말씀을 전할 수 있었다. 사실 교회 안에서는 가난한 사람들이 공공연하게 차별을 받곤 했는데, 거리에서는 그 누구의 간섭도 눈총도 없이 자유롭게 설교를 들을 수 있었다.

"이것 봐. 사람의 힘으로 어떻게 하나님의 말씀을 막을 수 있겠어."

"오히려 잘됐지 뭐야. 더 많은 사람들이 이렇게 좋은 말씀을 듣게 되었으니까."

거리에서의 설교의 반응은 어디를 가도 성공적이었다.

6주 넘게 설교 사역을 하던 조지 휘트필드는 이후에 런던으로 갈 계획도 세웠다. 그가 영국으로 돌아온 목적을 이루기 위해서였다. 그러다보니 이곳 브리스틀에서의 사역을 이어줄 누군가가 필요했다. 그는 존 웨슬리를 떠올렸다. 존 웨슬리가 신대륙 조지아 주에서 휘트필드에게 도움의 편지를 보낸 것처럼 그도 웨슬리에게 편지를 보냈다.

> 존 웨슬리 형제여, 어서 내게로 와주십시오. 이제 우리의 일이 시작되었습니다. 사람의 손으로 흐르는 물을 막아낼 수 없듯이 하나님의 말씀도 바로 그러합니다. 하나님의 말씀을 듣기 위하여 지금 수많은 사람들이 몰려들고 있는데 나 혼자서는 감당하기가 어렵습니다. 그러니 어서 와서 나를 도와주시기 바랍니다.

이 무렵 존 웨슬리는 모라비안 지도자 중 한 사람인 피터 볼러와 계속 교제를 나누면서 작은 모임을 만들어 활동하고 있었다. 그래서 겉으로 모라비안과 다를 바가 없었다. 그러던 중에 휘트필드의 편지를 받은 것이다.

'뭐, 거리에 나가서 설교한다고?'

존 웨슬리는 이 말이 얼른 이해가 되지 않았다. 그가 영국 국교회로부터 배척을 받고 있긴 했지만 그 역시 성공회에서 서품을 받은 사제로서 국교회적 사고방식에서 벗어나지 못했기 때문이다. 거리

72

에서 설교를 한다는 것은 상상도 못할 일이었다. 그래서 그는 피터 볼리에게 휘트필드의 편지를 보여주었다.

"이 편지를 좀 읽어보십시오."

피터 볼리는 휘트필드의 편지를 찬찬히 읽어나갔다. 그러더니 웨슬리에게 되물었다.

"이 편지를 받아보고 어떤 생각이 들었습니까?"

"거리에서 설교한다는 것부터가 이해되지 않습니다. 하나님의 거룩한 말씀은 존엄한 강단을 통해서 선포되는 것이지, 시장바닥이나 길거리에서 전하는 것이 아니지 않습니까?"

"그것은 웨슬리 형제가 잘못 생각하고 있는 것입니다."

웨슬리는 당황스러운 얼굴로 피터 볼리를 바라보았다. 웨슬리는 피터 볼리도 자기와 생각이 같을 줄 알았다. 그런데 자신의 생각이 잘못되었다고 말하니, 한편으로는 놀랍고 한편으로는 당황했다. 피터 볼리가 말을 이었다.

"웨슬리 형제는 먼저 그런 굳은 관습과 생각의 틀부터 깨야 합니다. 예수께서 유대 땅에서 전도하던 일을 생각해보십시오. 그분은 하나님의 말씀을 전하기 위하여 강단을 찾아다니지 않고 어디서나 사람들을 만나는 대로 말씀을 전하셨습니다. 길에서든, 바닷가에서든, 산에서든, 언덕에서든, 들판에서든 닥치는 대로 말입니다."

"그렇긴 합니다만…."

"그렇게 보면 오히려 거리에서 말씀을 전한다는 것이 훨씬 더 복음적이요 자연스러운 일 아니겠습니까?"

"듣고보니 그런 것 같군요."

"그런 것 같은 정도가 아니라 맞는 일입니다. 거리에서 복음을 외치는 일은 참으로 중요한 사역이지요."

"하지만 볼리 형제, 우리의 모임이 비록 작지만 저에게는 매우 소중합니다. 그런데 이 모임을 어떻게 떠납니까?"

"아니오, 그것도 잘못된 생각입니다. 우리 모임이 웨슬리 형제를 필요로 하고 또 웨슬리 형제도 이 모임을 필요로 하는 것은 사실이지요. 그렇더라도 하나님을 위한 일이라면 언제든 큰일을 위해서 작은 일은 버릴 줄 알아야 합니다. 그것 또한 용기입니다. 그러니 주저하지 말고 친구의 요청을 따르십시오. 이 모임이 하나님 앞에 옳다면 하나님께서 이끌어가실 것이니, 걱정하지 마시고요."

신앙 선배와도 같은 피터 볼리가 적극적으로 권면했음에도 불구하고 존 웨슬리는 여전히 머뭇거렸다. 아무래도 거리에서 설교한다는 것이 어색했고 자신도 없었다.

그는 고민을 하면서 성경에서 그 답을 찾아보기로 하였다. 성경을 펼쳐서 눈에 들어오는 말씀으로 대답을 삼고자 했다. 그가 무작위로 성경을 펼쳤을 때 가장 먼저 눈에 들어오는 말씀이 '예수께서 죽기 위하여 예루살렘으로 가고 있다'는 것이었다. 웨슬리는 결국 주님을 따르겠다는 심정으로 조지 휘트필드에게 가기로 결심했다.

조지 휘트필드는 존 웨슬리를 반갑게 맞이했다.

"웨슬리 형제, 이렇게 와주어서 정말 고맙습니다."

"아니오. 오히려 초청해주어서 감사하다고 말하고 싶습니다."

조지 휘트필드는 우선 거리의 설교가 어떤 것인가를 보여주기 위하여, 그날 설교하기로 예정된 볼링 그린으로 향했다. 약속한 장소에 도착했을 때 그곳에는 이미 6천 명이 훨씬 넘는 사람들이 구름떼처럼 모여 조지 휘트필드를 기다리고 있었다. 넓다란 광장이 거리 설교 장소로서는 안성맞춤이었다.

그러나 존 웨슬리에게는 이 모든 것이 생소했다. 그는 온 신경을 곤두세우고 집중하며 그 집회 광경을 주시했다.

조지 휘트필드의 설교는 조리있는 웅변 솜씨와 함께 힘있는 목소리로 청중을 사로잡았다. 6천 명이라는 많은 사람이 모였음에도 불구하고 휘트필드의 목소리를 제대로 듣지 못한 사람이 하나도 없을 정도로 그의 목소리는 온 광장을 가득 채웠다.

그날 집회를 마치고 거처로 돌아온 후 휘트필드는 웨슬리에게 물었다.

"웨슬리 형제, 야외 집회를 처음 본 소감이 어떻습니까?"

"처음엔 어색하고 약간의 거부감도 들었습니다. 그러나 시간이 지나고 분위기가 무르익어 간 후에는 나도 거기에 빨려들고 말았지요. 정말 훌륭한 집회요 설교였다고 생각합니다."

"설교를 하는 데 장소가 절대적인 조건이 되는 것은 아닙니다. 설교는 장소에 상관없이 가능한 한 많은 사람이 듣고 변화를 체험하는 데에 목적이 있는 것이니까요."

"…"

"그래서 나는 거리의 설교야말로 하나님께서 이 시대를 위하여 주신 최선의 방법이라고 믿게 되었습니다. 그러니 웨슬리 형제도 이제부터 나와 함께 거리로 나가서 복음을 전합시다."

"감사합니다. 나처럼 부족한 사람을 동역자로 삼아주니⋯."

"아닙니다. 옥스퍼드 대학교에서 홀리 클럽을 통해 많은 것을 깨닫고 배웠으니, 오히려 내가 감사하지요."

그 이튿날은 브리스틀 변두리의 브릭야드에서 야외 집회가 예정되어 있었다. 3천 명 정도의 사람들이 조지 휘트필드의 설교를 들으려고 모였다. 그러나 휘트필드는 그날 자기가 설교하지 않고 존 웨슬리를 설교자로 내세웠다.

이날 존 웨슬리는 난생 처음으로 야외에서 설교를 했다. 그것은 그에게 있어 거리 설교의 포문이었다.

"존 웨슬리 신부님의 설교 실력도 대단하구만."

"기량은 휘트필드 신부님만 못해도 얼마나 이지적이고 논리적인가."

"자신감도 넘쳐 보이고 말이야."

사람들이 웨슬리의 설교를 듣고 나서 평가하는 말들이었다.

조지 휘트필드는 브리스틀 지방을 존 웨슬리에게 맡기고 런던으로 향했다. 이후 브리스틀의 사역은 존 웨슬리가 이어갔다. 조지 휘트필드가 이끌 때보다는 적은 사람들이 모였고, 설교 기량도 휘트필드에 미치지는 못했다. 그러나 그는 특유의 조직력과 리더십을 바탕으로 브리스틀 사역을 잘 감당해갔다.

이때만 해도 조지 휘트필드와 존 웨슬리는 사역에 대한 시기심이나 경쟁심 따위는 전혀 없는, 서로 필요할 때 도움의 손길을 내밀면 기꺼이 도와주는 우정으로 맺어져 있었다.

조지 휘트필드는 런던에 가기 전, 먼저 웨일즈에 들러 하웰 해리스를 만났다.

"나는 그동안 이곳 웨일즈 지방에다 30여 개 정도의 공동체를 설립했습니다. 물론 국교회와는 아무런 상관이 없는 공동체들이지요. 중요한 것은 국교회와 어떤 관계이냐 하는 것이 아니라 어떻게 복음정신을 따라 사느냐 하는 것 아닙니까? 조지 휘트필드 신부님도 아주훌륭한 일을 시작했다고 생각합니다. 비록 반대하는 무리들의 위협과 비난이 뒤따른다 하더라도 하나님께서 친히 보살펴주시고 계시다는 것을 잊지 말고, 두려움 없이 끝까지 밀고나가시기 바랍니다."

그에게서 이런 권면의 말을 듣자 그는 더욱 용기가 났다. 앞으로도 계속 그와 함께 비전을 나누기로 하고 고향 글로스터로 갔다.

세인트 메리 크립트 교회 부속학교의 학생이자 벨 여인숙의 막내아들이 유명한 설교자가 된 것을 보고 사람들은 매우 놀랐다. 그리고는 그의 설교를 듣기 위해 교회로 몰려갔다. 그러나 글로스터의교회들도 휘트필드에게 강단을 내어주지는 않았다. 심지어 그를 비웃고 비방하는 성직자도 있었다. 글로스터에서도 어쩔 수 없이 야외설교를 했다.

휘트필드는 고향에서 집회를 잘 마치고, 처음의 계획대로 런던으로 갔다.

"드디어 조지 휘트필드가 런던에 들어왔다!"

"이제부터 그의 설교가 이 도시를 강타할 것이다."

"교회는 이제 더 이상 그의 입을 막을 수 없다."

그는 런던에 돌아온 후에는 아예 처음부터 야외 집회를 계획했다. 조지 휘트필드는 런던에 들어와서 처음으로 무어필드 공원에서 집회를 열었는데 엄청난 사람들이 몰려들었다. 예상했던 것보다 더 많은 사람들이 모였다. 런던에서는 휘트필드를 배척하고 비난하고 반대하는 무리들이 은밀하게 활동하고 있었으나, 하나님의 말씀을 향한 사람들의 갈망을 꺾지는 못했다.

"어이쿠, 어디서 이 많은 사람들이 쏟아져 나왔담."

"내 생전 이렇게 많은 사람들이 모인 것을 보는 것은 처음이야."

"하나님께서 세우신 전도자가 아니고서야 어떻게 이 많은 사람들이 한꺼번에 모여들겠어."

사람들이 수군대는 가운데, 조지 휘트필드는 양쪽으로 두 사람의 호위를 받으면서 군중을 뚫고 간신히 단상에 도달했다. 사람들이 많다 보니 이리저리 서로 밀고 밀리는 바람에 조지 휘트필드도 떠밀려 다닌 것이다.

이날 저녁에는 장소를 옮겨 케닝턴 공원에서 집회를 개최했다. 이때의 일을 조지 휘트필드는 훗날 이렇게 회상했다.

저녁 시간이었음에도 불구하고 3만 명 이상의 사람들이 모여들었다. 그때 마침 제법 강한 바람이 불어 나는 별로 큰 힘을 들이지 않고서도 설교를 할 수 있었다. 그 바람이 내 목소리를 사람들의 귀에 날라주었기 때문이다.

조지 휘트필드는 이때부터 런던에 머물면서, 낮에는 주로 무어필드 공원에서 그리고 밤에는 케닝턴 공원에서 계속해서 집회를 열었다. 그는 그때의 상황을 일지에 이렇게 남겼다.

5월 2일
오늘밤에는 케닝턴 공원에서 1만 명을 향해 설교했다.

5월 5일
오늘도 보통 때처럼 케닝턴 공원에서 2만 명이 넘는 사람들이 모여들었다. 그들의 말씀을 듣는 태도와 진정으로 회심하는 모습들은 내가 상상할 수 있는 그 이상의 것이었다.

5월 6일
오늘 낮에는 무어필드 공원에서 집회를 했는데 무려 12만 명 이상이나 모였다. 그럼에도 불구하고 청중들은 조용한 자세로 나의 설교를 경청해주었다. 무어필드 공원 주위로는 사람들이 타고 온 마차와 말들이 즐비하게 진을 치고 있었다.

5월 8일
거처에서 출발하기 전부터 비가 억수같이 쏟아져내렸다. 내가 케닝턴 공원에 도착했을 때는 우산을 받친 청중이 2만 명이나 모여 기다리고 있었다. 그런데 설교를 시작하자마자 신기하게도 날씨가 맑게 개었다.

5월 10일

이날은 하루 종일 비가 내렸다. 하지만 내가 케닝턴 공원에서 1만 명의 청중을 향해 설교했던 시간만은 비가 멈추었다. 이런 하나님의 역사는 우리에게 더 큰 확신을 주었다.

5월 11일

어젯밤보다 더 많은 청중이 모였고, 고아원 설립 기금으로 26파운드가 헌금되었다. 이제까지 모인 기금만 해도 엄청난 액수이다.

5월 12일

오늘 아침 시간에는 많은 사람들이 나를 찾아와서, 이제까지 나의 설교를 통해 하나님께서 자기들 안에서 어떤 일을 이루셨는지 들려주었다. 말씀을 통한 그들의 내적 변화는 오직 하나님만이 하실 수 있는 일이라는 것을 다시 느꼈고, 말씀을 통한 하나님의 섭리와 역사를 다시 한 번 강하게 인식하였다.

5월 13일

오늘 주일은 첫 번째 집회 때만큼이나 많은 사람들이 몰려들었다. 그리고 고아원 기금도 52파운드나 모였다. 또 저녁 시간에도 모인 사람이 6만 명을 헤아렸고, 이때도 29파운드의 기금이 들어왔다. 사람들은 흩어지면서도 이렇게 기도하였다. "주여, 이 죄인에게 자비를 베풀어주소서."

조지아 주에 세운 고아원

　　런던에서도 야외 집회가 큰 호응을 받자, 조지 휘트필드는 이번에도 존 웨슬리를 런던으로 초청했다. 그에게 거리 설교 훈련을 더해주고 싶은 마음도 있었지만, 그보다 그동안 집회를 통해 고아원을 세울 기금이 충분히 마련되었으니 이제 조지아로 가서 약속했던 고아원을 세워야겠다고 생각했기 때문이다. 그는 곧 신대륙으로 건너갈 채비를 하면서 이후의 일들은 우선 존 웨슬리에게 맡기려고 계획했다.

　　존 웨슬리가 와서 런던 집회에서 설교를 했다. 그의 설교는 기대 이상이었다. 브리스틀의 사역을 통해 존 웨슬리 역시 거리의 설교자로 거듭나고 있었다.

　　"웨슬리 형제, 오늘 설교는 정말 훌륭했습니다."

　　"모두가 곁에서 격려하고 기도해준 덕분입니다."

조지 휘트필드는 자신의 사역이 성공하자 존 웨슬리를 동역자로 불러들었다. 그의 기대대로 웨슬리는 좋은 설교자이자 사역자로 모든 일을 잘 감당해냈다. 그런데도 불구하고 웨슬리가 자신과 거리를 두고 있다는 것을 느꼈다.

'무슨 일 때문일까.'

조지 휘트필드는 존 웨슬리와의 거리감과 그 원인을 생각해봤으나 얼른 떠오르지 않았다. 그러나 곧 웨슬리의 마음을 감지했다.

'아무리 친한 동역자 사이라 하지만 구원관이 서로 다르니, 어떻게 끝까지 잘 어울릴 수가 있겠는가.'

다른 구원관. 이것이 존 웨슬리와 조지 휘트필드간의 거리를 좁힐 수 없는 근본적인 이유였다. 아직 서로 논쟁을 벌인 적은 없었지만 조지 휘트필드는 선택된 자만이 구원을 얻는다는 칼빈의 예정 교리를 따르고 있었고, 존 웨슬리는 행함으로 구원을 얻는다는 알미니안 보편주의를 따르고 있었기 때문이었다.

또 존 웨슬리는 조지 휘트필드보다 나이가 열한 살이나 더 많은데다, 옥스퍼드 대학교 시절에는 그가 홀리 클럽의 리더였고 휘트필드는 평회원이었다. 그런데 지금은 입장이 바뀌어 그가 오라고 하면 오고 가라고 하면 가야 하니, 이 또한 웨슬리의 마음을 불편하게 했다. 존 웨슬리는 누구보다도 승부욕이 강했고 사람들 앞에 나서는 것을 좋아했기 때문에, 조지 휘트필드의 지도 아래에서 일을 한다는 것이 점점 불편하고 불쾌해졌다.

조지 휘트필드는 이미 그의 심중을 알아차렸지만 이에 대해 그 어떤 말도 할 수 없었다. 섣불리 말을 꺼냈다가 오히려 서로 상처를 줄

수도 있기에, 그는 그냥 침묵하며 이전과 다름없이 존 웨슬리를 대했다.

'그의 마음도 이해가 돼. 그러니 좀 더 기다려보자. 이 작은 틈을 성급하게 해결하려 하다가 오히려 역효과가 날지도 모르니까.'

1739년 8월, 조지 휘트필드는 마침내 모든 준비를 마치고 신대륙을 향해 출항했다. 고아원 설립 기금을 모으려고 영국으로 돌아온 지 아홉 달 만의 일이었다.

지난 9개월 동안 그는 조지아 주 거리를 헤매고 있을 고아들의 불쌍한 모습을 한시도 잊은 적이 없었다. 그리고 생각했던 것보다 기금이 빨리 준비되어 서둘러 신대륙으로 가며, 그의 마음은 고아원 설립에 대한 기대로 설레었다.

항해하는 도중에는 비교적 시간적인 여유가 많았다. 그는 그런 여유를 이용하여 많은 사람들에게 편지를 썼다. 그동안 자신의 길을 인도하신 하나님의 크신 역사와 섭리에 대한 간증으로 그의 편지는 길어지곤 했다.

그는 웨일즈의 하웰 해리스에게도 편지를 보냈다.

당신은 참으로 하나님께서 우리 시대를 위하여 세우신 전도자입니다. 앞으로 당신의 사역을 기대합니다. 더 많은 사람들의 가슴에 영원 전부터 우리를 선택하여 값없이 베풀어주신 하나님의 사랑을 깊이 심어주시고, 또 오직 믿음으로 예수 그리스도의 완전한 의를 옷 입을 수 있다는 것을, 그런 구원의 큰 비밀들을 더욱 널리 전파해주십시오.

하나님의 풍성한 은혜는 아무리 많은 사람들에게 나누어주고 또 나누어주어도 결코 부족함이 없는 것 같습니다.

하나님께서 우리의 영혼을 위하여 어떤 일을 하고 계시는지, 또 우리가 돌아오기를 얼마나 간절히 기다리고 계시는지를 널리 전파해주십시오. 지금도 천국에서 우리를 위해서 간절히 중보의 기도를 드리는 예수 그리스도의 그 사랑을, 우리 함께 생명이 다하는 그날까지 부지런히 증거합시다.

친애하는 해리스 씨, 언제나 이 시간이 마지막이라는 생각을 가지고, 눈물을 흘리며 씨를 뿌리는 자는 기쁨으로 단을 거두리라는 말씀을 기억하며 힘을 냅시다.

그는 편지를 쓰는 내내 편지를 받을 사람을 마음에 담았고, 또 한편으로는 그의 마음을 부드럽게 일렁이게 하는 한 사람의 모습을 떠올렸다. 그러다보면 자신도 모르게 흐뭇한 미소를 짓곤 했다. 그 사람은 엘리자베스 델라모트였다.

그가 아리따운 숙녀 엘리자베스 델라모트와 만난 것은 런던에 머물면서 야외 집회를 계속하던 때였다. 어느 날 휘트필드는 그녀의 아버지인 토머스 델라모트에게 초대를 받았다. 토머스 델라모트는 런던에서 남동쪽으로 얼마쯤 떨어진 벡슬리에 호화로운 저택을 소유한 부자요 사업가였다.

"휘트필드 신부님께서 우리집을 방문해주시다니 정말 큰 영광입니다. 아니 사실대로 말씀드린다면 제 딸 엘리자베스 델라모트에게 영광이지요."

그러면서 토머스는 조심스럽게 자기의 딸을 조지 휘트필드에게 소개했다. 그녀는 지성적이면서도 미모가 뛰어난 아가씨였다.

이때부터 두 사람의 만남이 시작되었다. 휘트필드가 런던에서 사역하는 내내 두 사람은 서로에 대해 깊은 애정을 가지고 가까이 지냈다. 사실 휘트필드는 하나님의 사역을 위해 이성과의 만남을 될 수 있는 한 절제하려고 했다. 그러나 엘리자베스를 만난 후 그녀를 향한 그의 마음은 쉽게 사그라들지 않았다.

그가 신대륙으로 떠나려 할 때에도 델라모트 가족은 조지 휘트필드를 한가족처럼 여기면서 융숭한 작별의 식탁을 베풀어주었다. 물론 아직 구체적으로 결혼 얘기를 꺼낸 적은 없었지만, 어떻게 보면 이런 친절은 말보다도 더 구체적인 청혼의 표현처럼 보이기도 했다.

오랜 항해 끝에 조지 휘트필드는 일행과 함께 루이스타운에 도착했다. 이때 그와 동행한 사람은 브리스틀 사람으로서 처음부터 조지 휘트필드를 돕고 나섰던 윌리엄 슈어드와 개인비서 존 심스였다. 그가 두 번째로 신대륙에 도착한 날짜는 1739년 10월 30일이었고, 그의 나이 스물다섯 살 때의 일이다.

그의 목적지는 조지아 주였지만 식민 대륙의 형편을 알아보기 위해 먼저 지리적 중심지인 펜실베이니아 주로 갔다. 펜실베이니아 주에서 첫 번째로 도착한 필라델피아에서는 장로교와 침례교 목회자들의 환영을 받았다.

"오, 조지 휘트필드 형제여!"

"진심으로 환영합니다."

"당신은 이제 신대륙의 영광입니다."

휘트필드의 명성이 벌써 신대륙의 곳곳에 널리 알려져 있었기 때문에 그는 열렬한 환영을 받았다.

그는 그곳에서도 몇 차례 저녁 시간에 야외에서 집회를 열었다. 설교의 주제는 언제나 거듭남의 필요성이었다.

"죽은 자와 다름없는 우리에게 절대 필요한 것은 생명입니다. 그리고 이 생명의 힘은 오직 중생을 통해서만 주어집니다. 이처럼 중대한 문제를 제쳐놓고서 어떻게 신앙생활을 바르게 해나갈 수 있겠습니까."

그가 필라델피아에 머물면서 설교하고 있을 때에 뜻밖에 한 통의 편지가 배달되었다. 뉴욕에 살고 있는 재벌 중 한 사람인 토머스 노블의 편지였다. 바쁘더라도 잠시만 시간을 내서 방문해달라는 간단한 내용이었다.

조지 휘트필드는 이 편지를 받고는 뉴욕으로 출발했다. 윌리엄 슈어드를 먼저 조지아 주로 보내고, 필라델피아 지방에서 명설교자로 이름이 알려진 길버트 터넨트와 동행했다. 노블은 뉴욕에 도착한 그들을 반갑게 맞이했다.

"이렇게 찾아와주셔서 감사합니다."

"아닙니다. 오히려 초청해주셔서 영광입니다."

그들은 인사를 나눈 후에 함께 자리에 앉았다. 그런데 노블이 대뜸 고아원 설립에 대해 물어왔다.

"신부님이 조지아 주에서 어떤 일을 시작했다는 말을 들었는데, 그 일이 어떻게 되었는지 궁금합니다."

휘트필드가 대답했다.

"고아들을 위한 시설이 필요하다고 생각했습니다. 이곳은 영국보다 고아들이 많지만 보호나 교육을 받을 수도 없더군요. 그래서 고아원 설립 기금을 위해 여기저기 다니며 설교를 하고 모금을 했지요. 복음전도자가 할 수 있는 일이라야 그 정도니까요."

"그럼 이제 재정은 충분합니까?"

"지금으로서는 충분합니다. 영국에서 기금이 꽤 많이 모였으니까요. 앞으로도 건축과 운영에 더 많은 돈이 필요하겠지만, 우선 일을 시작하는 데에는 부족함이 없습니다."

"그럼, 됐습니다. 우선은 모인 기금을 쓰십시오. 그리고 앞으로 더 필요한 자금은 모두 제가 부담하겠습니다."

의외의 제안에 휘트필드는 깜짝 놀랐다.

"아니, 노블 씨! 정말입니까?"

"어찌 하나님의 사람 앞에서 빈말을 할 수 있겠습니까."

"감사합니다. 정말 감사합니다."

"아닙니다. 휘트필드 신부님이 이 땅을 위해 이렇게 힘쓰시니, 도리어 내가 더 감사할 일이지요."

토머스 노블의 재정 지원 약속은 조지 휘트필드의 마음을 더욱 든든하게 했다.

조지 휘트필드 일행은 뉴욕을 떠나서 다른 여러 지방도 방문하면서 가는 곳마다 설교하는 일을 빼놓지 않았다. 노블 씨가 앞으로 필요한 재정을 책임지겠다고 말했지만 휘트필드 역시 자신이 할 수 있는 한 최선을 다해 사역을 해나가야겠다고 생각했기 때문이다. 그렇게 여러 곳을 돌아다니다보면 통나무 집 땅바닥에서 자는 일이 보통이었고, 범람하는 강물을 건너다가 죽을 뻔하기도 했다.

그렇게 몇몇 지역을 돌아서 휘트필드가 조지아 주에 도착했을 때, 놀랍게도 거기에는 엘리자베스 델라모트의 편지가 도착해 있었다. 그는 소년처럼 두근거리는 가슴으로 편지를 뜯어보았다.

우리가 교제한 시간이 길지는 않았지만 당신은 어느새 제 마음 깊은 곳에 자리잡았습니다. 그래서 저는 평생을 당신과 함께 해야겠다고 결심했습니다. 조지 휘트필드 씨, 당신의 대답을 기다리겠습니다.

델라모트 양의 청혼 편지였다. 어느 정도 예상한 일이긴 했지만 정식으로 청혼을 받고보니 그는 믿어지지가 않았다.

그는 흥분된 마음을 가라앉히고 잠시 생각했다.

'만약 지금 내가 이 청혼을 허락한다면 어떻게 될까? 과연 결혼 후에도 지금처럼 하나님의 일에 전적으로 헌신할 수 있을까? 만약 결혼 때문에 나의 사역이 방해를 받는다면, 그것이 하나님께서 기뻐

하시는 일은 아닐텐데. 어떻게 하지…?'

그는 진지하게 이런저런 생각들을 해보았지만 선뜻 결론을 내릴 수가 없었다. 그의 마음에는 하나님을 향한 헌신의 마음도 컸지만 함께 엘리자베스에 대한 사랑도 매우 크게 자리잡고 있었다. 휘트필드는 급하게 결정하지 않고, 좀 더 기도하고 생각해보기로 했다. 그러고는 지금 눈앞에 닥친 고아원 설립 일에 매진했다.

조지아 주를 신탁 관리하던 행정 책임자들은 조지 휘트필드의 계획을 듣더니 사반나 지방에 있는 넓은 땅을 양도해주었다. 사반나는 휘트필드가 신대륙으로 와서 처음부터 자리잡은 곳이었다. 그는 그곳에 고아원을 짓기 시작했다.

건축 중에 가장 큰 공사는 본관을 짓는 일이었고, 다음엔 본관 주변에 네 개의 부속 건물들을 짓는 일이었다. 그리고 적당한 장소에 필요한 식당과 창고, 휴식 공간을 위한 건물들을 지었다. 주변의 도로를 만드는 일도 빼놓지 않았다.

조지 휘트필드는 고아원 건물을 짓는 동안 반드시 필요한 기술자 외에는 모두 그 지방 주민들을 고용하여 형편이 어려운 사람들의 생계에 보탬이 되도록 배려했다.

"휘트필드 신부님은 하나님의 사람임에 틀림없어."

"만약에 그렇지 않다면 누가 이렇게 우릴 헌신적으로 도와주겠어."

"우리 조지아 주는 하나님께 복 받은 땅이야."

사람들은 고아원 공사를 지켜보면서 칭찬과 감사의 말들을 아끼지 않았다.

조지 휘트필드는 건물 공사를 하면서 고아원 이름을 지어두었다. 신약성경에 나오는 '베데스다'였다. 베데스다는 '자비의 집'이라는 뜻이다.

고아원 건물을 완공하는 데는 오랜 시간이 걸렸다. 그래서 조지 휘트필드는 우선 사반나 지방에 세워진 건물 중 가장 큰 건물 하나를 빌려서 거기에 고아들을 모아 머물게 했다. 고아원이 다 지어지기까지 헤매고 있는 고아들을 그냥 지나칠 수가 없었기 때문이다.

물론 보모들과 선생님들도 미리 확보해두어 고아들을 양육하는 일뿐만 아니라 필요한 학교 공부도 가르치기 시작했고, 신앙교육도 철저히 시켰다.

어느 날 조지 휘트필드는 고아들을 한자리에 앉혀놓고 말했다.

"지금까지 여러분은 따로 떨어져서 서로를 모르고 살아왔지만 이제부터는 모여서 함께 사는 한 가족이 되었습니다. 그리고 이런 일은 우리를 사랑하고 구원해주신 하나님께서 하신 것입니다. 그러니 얼마나 감사한 일입니까. 그렇기 때문에 우리는 서로 아끼고 사랑하면서 사이좋게 지내야 합니다."

아이들은 조지 휘트필드의 진심을 알고 있었고, 그를 통한 하나님의 사랑과 돌보심을 기꺼이 받아들이며 감사했다.

"네, 정말 고맙습니다."

"우리도 하나님 믿고 살래요."

"그리고 서로 사랑하고요."

신대륙에 펼친 복음

고아원 건축이 한참 진행되고 있는 동안 조지 휘트필드는 전에 한번 들렀던 필라델피아로 전도 여행을 떠났다. 마침 사반나 지방에서 필라델피아까지는 뱃길이 있어서 그는 범선을 타고 가기로 했다.

고요한 바다를 거세게 물살을 가르며 달려가는 배 위에서 그는 엘리자베스의 일을 곰곰이 생각했다. 어떻게 답장을 써야 할지 고민하고 또 고민했다. 사실 청혼 편지를 받은 후로 계속 기도도 하고 생각도 해보았다. 그 어떤 경우라도 엘리자베스와 헤어진다는 것은 결코 생각할 수 없었다. 결국 그는 엘리자베스의 청혼을 받아들이기로 했다.

'평생 동안 독신으로 살 것이 아니라면 언젠가는 결혼을 하겠지. 엘리자베스만한 아가씨를 만나기도 쉽지 않을 거야. 결혼을 하기엔 좀 이른 것 같지만 하나님이 주신 기회라 생각하고 그녀의 청혼을

받아들이자. 게다가 내가 조지아 주에서 일하는 동안만 해도 내조자의 필요를 얼마나 절실히 느꼈던가.'

그는 즉시 배 안에서 답장을 쓰기 시작하였다.

엘리자베스 양을 만나기 전만 해도, 나는 하나님의 일을 하는 데 있어서 방해되는 것은 그 어떤 것이라 해도 철저하게 버리겠다고 생각하고 있었습니다. 하지만 지금에 와서는 그런 생각이 반드시 옳은 것이었다고는 생각하지 않습니다. 한 사람에게는 무겁고 벅차게 느껴지는 하나님의 일이, 두 사람이 힘을 합하면 가벼워질 수도 있는 일이기 때문입니다.

사랑하는 엘리자베스, 한 가지 묻겠습니다. 당신은 '내게 능력 주시는 자 안에서 나는 모든 것을 할 수 있다'는 신앙을 가지고 계십니까? 그런 신앙이 있다면 나는 당신의 청혼을 기꺼이 받아들이겠습니다. 그리고 결혼 후 나와 함께 이곳 조지아 주로 돌아와서 고아원 운영에 좋은 내조자가 되어 주시겠습니까? 그렇다면 나는 더욱 기쁜 마음으로 당신의 청혼을 받아들이겠습니다.

나는 분명히 당신을 사랑하고 있습니다. 늘 당신을 생각하면 나의 마음이 두근거리고 설렙니다. 어느 누구에게서도 느껴보지 못한 그런 감정이 당신을 생각할 때면 일어납니다. 사실 편지를 쓰는 지금 이 시간에도 나의 마음은 떨림과 두근거림으로 진정되지 않습니다. 하지만 우리의 결혼과 사랑에 있어 무엇보다도 중요한 것은, 어떤 경우에도 하나님의 길을 벗어나서는 안 된다는 것입니다. 그러니 당신도 모든 일을 기도로 준비하고 진행했으면 합니다.

그는 필라델피아에 도착한 즉시 편지를 영국으로 보냈다.

∼

조지 휘트필드는 필라델피아 지역에서 여러 목회자들의 적극적인 협조를 얻어 다시 야외 집회를 열기 시작하였다. 그곳에서도 야외 집회의 장점을 충분히 살려 많은 사람들에게 말씀을 들려줄 수 있었다.

이런 집회가 며칠 동안 계속되던 어느 날, 그는 뜻밖에 한 사람의 방문을 받았다.

"실례지만, 누구십니까?"

휘트필드가 묻자 그 사람이 대답했다.

"벤저민 프랭클린이라고 합니다."

벤저민 프랭클린은 당시에 철학자이자 정치가로서 명성을 떨치고 있었다. 그의 방문은 예상하지 못했다.

"이처럼 찾아주셔서 감사합니다."

"아닙니다. 사실은 제가 휘트필드 신부님께 감사를 드려야죠. 그래서 오늘 이렇게 찾아오기도 했고요."

프랭클린은 말을 이었다.

"그동안 몇 차례의 집회를 통하여 많은 감동을 받았습니다. 휘트필드 신부님은 분명히 내 영혼의 길을 열어주셨습니다."

"다 하나님께서 행하신 일입니다."

"하지만 신부님 같은 전도자가 나서지 않았다면 하나님께서 어떻게 우리 안에서 이런 놀라운 일을 행하실 수 있겠습니까? 이제야말로 나도 신앙의 본질이 무엇인지를 깨달았습니다. 내 영혼이 새로이 태어났다고나 할까요. 예전에는 한 번도 경험해보지도 느껴보지도 못한 일이었습니다. 참으로 감사를 드립니다."

"제 설교를 통하여 하나님께서 당신 안에서 그런 놀라운 일을 행하셨다니, 오히려 제가 더 감사해야 할 것 같군요."

이때부터 두 사람의 교제가 시작되었다. 그리고 이 우정은 두 사람 사이에 평생 동안 이어졌다.

프랭클린은 훗날 필라델피아에서 열린 집회들에 대해 이렇게 말했다.

시간마다 모여든 사람들의 숫자도 엄청났지만 그의 힘찬 설교는 듣는 이들의 심령을 크게 감동시키고 변화시켰다. 휘트필드의 설교가 주는 영향은 거기에만 그치지 않았다. 필라델피아 주민들의 생활태도까지도 크게 바뀌어가고 있었다. 예전과는 달리 지금은 사람들의 언행이 몹시 겸손해졌으며, 골목에 들어서면 집집마다 울려나오는 찬송 소리를 들을 수 있으니, 참으로 놀라운 일 아닌가.

필라델피아 집회에서 조지 휘트필드의 설교가 사람들에게 얼마나 큰 영향을 주었는지는 집회에 참석했던 두 사람이 돌아가던 길에 주고받은 대화를 통해서도 확연하게 드러난다.

"정말 휘트필드 신부님의 설교는 대단해."

"그럴 만한 특별한 이유라도 있는 걸까?"

"당연히 있지."

"그게 뭔데?"

"약간 겸연쩍고 우스운 얘기이긴 하지만…"

"무슨 이야긴데 그렇게 뜸을 들이나?"

"전에 집회를 참석할 때 혹시나 휘트필드 신부님의 설교를 듣고 호주머니를 몽땅 털까 걱정되어, 집회 참석 전에 아예 용돈까지 모두 집에 놓고 간 적이 있다네."

"허허, 사람도 참."

"그만큼 나 나름대로 철저하게 준비했는데, 설교를 듣다가 집으로 달려가서 금고 안에 있는 것까지 모두 털어서 헌금하고 말았어. 이만하면 그의 설교가 얼마나 힘이 있는지 알 만하지 않은가?"

"하하, 정말 대단하구만."

이 시절 조지 휘트필드는 계속되는 설교 일정 속에서도 지칠 줄을 몰랐고, 설교에 대한 열정으로 불타고 있었으며, 설교 시간 내내 성령에 사로잡혀 말씀을 증거했다. 그는 일단 사람들 앞에 서기만 하면 불을 토해내듯 설교를 해나갔다.

그러나 그의 성공적인 집회와 상관없이 조지 휘트필드를 괴롭히는 문제들이 있었다. 먼저는 엘리자베스 델라모트에게 보낸 답장이 행여나 그녀의 마음에 들지 않으면 어쩌나 하는 것이었다.

그 다음으로는 존 웨슬리에 대한 것이었다. 자기가 떠나온 후 존 웨슬리가 교리 문제로 자신을 비난하고 있다는 이야기를 들은 후 그의 신경이 온통 곤두서 있었다. 필라델피아에서 그런 소식을 전해 들은 조지 휘트필드는 며칠 동안 고민하다가 존 웨슬리에게 편지를 썼다. 이로써 구원에 대한 교리 문제가 두 사람 사이에 정식으로 거론된 셈이었다.

나는 영국에서 당신과 함께 전도 집회를 할 때부터, 우리 두 사람 사이의 신앙 교리의 차이 때문에 언젠가 문제가 생길지도 모른다는 생각을 했습니다. 내가 칼빈주의를 따르게 된 것은 지난번에 신대륙으로 건너온 후부터의 일입니다. 그러므로 영국에서 함께 야외 집회를 할 때 우리 둘은 이미 의견이 달랐던 것이지요. 하지만 우리가 함께 일을 하면서 혹시나 부질없는 언쟁이 일어날까 싶어서 그런 문제에 대해서는 아예 언급을 피했습니다. 당신과 나는 동역자이기도 하지만 좋은 친구 사이였으니까요.

그런데 최근 얼마 동안 나는 당신이 영국 각처에 다니면서 교리 문제를 두고 나를 비난한다는 말을 들었습니다. 마음이 몹시 아팠습니다. 누가 어떤 교리를 따르느냐 하는 것은 신앙의 자유에 속하는 일입니다. 그런데 이런 교리 차이로 친구가 친구를 향하여 비난을 한다면 그것은 전혀 다른 차원의 이야기가 되지 않겠습니까?

나는 지금 불쾌한 마음으로 이 편지를 쓰는 것이 아닙니다. 신부님을 존경하기에 더욱 조심스러운 마음으로 이 편지를 쓰고 있습니다. 나는 진정으로 당신이 전도운동에 성공을 거두기를 바라고 있고, 수많은 사람들의 영적 아버지가 되를 기도하고 있습니다.

앞으로도 우리 사이가 좋은 친구로 남아 있기 위해 노력해주기를 바랍니다. 저도 그렇게 할 것입니다.

이렇게 개인적인 고민을 안은 채, 휘트필드는 필라델피아 지방에서 바쁜 집회 일정을 이어나갔다. 그러면서 그는 흑인 노예들의 인권운동으로도 눈을 돌렸다. 고아들을 보고 마음이 아팠던 조지 휘트필드는 흑인 노예들의 참상을 보고 나서 슬픔과 동시에 분노를 느꼈다.

'흑인들 역시 백인들과 똑같은 권리를 누려야 할 인간인데, 어째서 이렇게 비참하게 살아가야 하는 걸까!'

조지 휘트필드는 흑인들의 고통을 실감하면서 그들을 위해 무언가를 하지 않으면 안 되겠다는 생각이 들었다. 그는 백인 신자들까지도 흑인에 대해 잘못된 사고방식을 가지고 있다는 것에 한층 더 놀랐다. 그는 어떤 유명인사와 흑인 문제를 가지고 이야기를 나눌 기회가 생겼다. 그 유명인사는 백인이었다.

"휘트필드 신부님은 흑인들의 형편을 보면서 대단히 언짢은 표정을 지으시던데요?"

"마음이 아프지 않다는 게 오히려 이상한 일 아닌가요? 똑같은 사람인데도 그들은 인간 이하의 취급을 받으며 비참한 생활을 하고 있습니다. 그것은 창조자의 섭리에 어긋나는 일이라고 생각합니다."

"솔직히 저는 신부님의 태도가 이해되지 않습니다. 흑인을 우리 백인들의 노예로 주신 분은 하나님이십니다. 그러니 흑인들의 생활을 그렇게 생각하는 것이 오히려 이상한 일 아닙니까?"

"하나님께서 흑인들을 백인들의 노예로 주셨다는 논리는 어디에서 생겨난 것입니까?"

"적어도 우리 백인들은 모두가 다 그렇게 생각합니다. 만약 그렇지 않다면 왜 하나님께서 피부색을 다르게 만드셨겠습니까?"

"그런 생각이야말로 참으로 잘못된 편견입니다. 피부색을 가지고 사람을 차별한다면 그것이야말로 하나님의 참 뜻을 잘못 아는 것입니다. 성경 어디에도 피부색의 근거가 되는 말씀은 없습니다."

"휘트필드 신부님도 이곳에서 오랫동안 살다보면 생각이 변할 겁니다. 두고 보십시오."

"글쎄요, 저는 하나님 뜻에 어긋나는 일은 받아들일 의향이 없습니다."

조지 휘트필드는 얼마 후에 흑인 노예들의 참상을 고발하고 흑인 노예들을 비참한 생활로 몰아넣는 백인들을 규탄하는 글을 써서 작은 책자로 펴냈다. 그 내용은 대강 다음과 같다.

백인 형제들이여, 당신들이 애완용으로 집에서 기르는 개들은 당신들의 귀여움을 독차지하고 식탁에서도 배불리 먹고 장난을 치면서 신나게 놀고 있다. 그런데 당신들에게 짐승 취급을 당하는 흑인들은 애완견 정도의 대접은커녕 주인의 상에서 떨어지는 부스러기를 주워먹을 권리조차 빼앗겨버렸으니 이 얼마나 안타까운 일인가.

게다가 어떤 이들은 자기 노예가 사소한 잘못 하나만 저질러도 그들의 등을 사정없이 나이프로 긋거나 포크로 근육 깊이 박히도록 찔러댄다. 얼마나 많은 노예들이 그들의 주인이라는 사람들로부

터 이처럼 참혹하고 비인간적인 대접을 받고 있는지 일일이 다 열거할 수 없을 정도이다.

당신들은 쉴 사이 없이 노예들을 향하여 채찍을 휘두르며 등에 쟁기를 지워 넓은 들판을 갈도록 몰아붙이며, 마침내는 죽음에 이르도록 만들고 있다. 이런 야만적인 행위를 이 세상 어디에서 또 찾아볼 수 있겠는가.

백인인 당신들이 오늘날 호화로운 저택 안에 거하면서 맛있는 음식으로 배를 채우고 삶을 마음껏 즐기며 살 수 있는 것은 모두 흑인 노예들의 피나는 노동력의 대가가 아니고 무엇인가. 그런데도 불구하고 노예들은 자기 권리를 박탈당한 채 주리고, 헐벗고, 시달리고 있다.

'들으라, 부한 자들아. 너희에게 임할 고통 때문에 울고 통곡하라.'

아마 당신들은 이런 성경 말씀을 기억하고 있을 것이다. 그런데 어찌하여 그대들은 먹을 것과 입을 것과 피나는 노동력의 대가를 빼앗기고 울부짖는 그 처참한 소리를 못 듣고 있는가. 하나님이 이들의 소리를 듣고 신원하시는 그날 어떻게 될 것이라는 사실을 모르고 있는가.

벤저민 프랭클린은 조지 휘트필드에게서 이 글을 받아 즉시 팸플릿으로 제작하여 널리 보급했다. 그러자 식민 대륙 안에서 발간되던 거의 모든 신문들이 이 글을 일제히 보도하는 바람에, 대륙 구석구석까지 엄청난 파문을 일으켰다.

조지 휘트필드는 글을 통해서만 자신의 뜻을 피력한 것이 아니라 직접 흑인들에게 하나님의 말씀을 들려주면서 그들의 의식을 깨우쳐주기도 하였다.

"주님은 당신들을 사랑하십니다."

"주님은 당신들을 구원하셨습니다."

"주님은 당신들에게 자유를 주셨습니다."

"주님은 당신들을 대신하여 고통을 당하시고 십자가에 달려 죽으셨습니다."

"이제는 주님만 믿고 살아야 합니다."

"오직 주님만이 길이요 진리요 생명입니다."

흑인들은 학교 교육을 거의 받지 못했기 때문에 쉽고도 단순한 말로 그리스도를 전해야 했다.

이렇게 시작된 조지 휘트필드의 인권운동은 생각지도 못했던 놀라운 결실을 맺었다. 조지 휘트필드의 간단한 설교가 흑인들의 내면 깊이 가라앉아 있던 자의식을 일깨우는 역할을 했다. 흑인들은 자신들의 비참한 생활상을 신앙으로 승화시키는 노래들을 만들어 부르기 시작했고, 그 결과 그들 사이에서 '흑인영가'라고 불리는 노래가 유행하기 시작했다. 구속받고 억압받는 그들의 삶 속에서 그들의 영가는 자신들의 억울함을 호소할 수 있는 유일한 방법이 되기도 했다.

휘트필드는 고아원 건물 건축에 이어 흑인들을 위한 교육 기관 건축도 필요하다고 생각했다. 그래서 '나사렛'이라고 이름을 붙인 건물을 짓기 시작했으나, 안타깝게도 이 일은 마무리되지 못했다.

암초와 낙심을 넘어

　　　　　　　　　　　조지 휘트필드의 야외 집회는
신대륙 전역에서 차근차근 진행되어 갔다. 1740년 봄에는 필라델피
아가 있던 중부 지방에서, 다음 여름 동안은 찰스턴 지방에서, 이어
서 가을에는 뉴잉글랜드 지방에서 집회를 했으며, 그 후에 다시 조지
아 주로 돌아가면서 가는 길목에 있는 지방에서도 야외 집회를 했다.

　그런데 큰 성과를 거두었던 필라델피아 사역과 달리 찰스턴 지방
에서는 처음부터 암초에 부딪쳐 고전했다. 일이 순조롭지 못했던 데
에는 찰스턴에 세워진 성 빌립 교회의 주교 대리인 가든도 그 역할
을 톡톡히 했다. 그는 이곳 교구 안에서 국교회의 수장격인 인물로,
조지 휘트필드가 찰스턴에 도착하자 마치 기다리고 있었다는 듯이
도전적으로 따지고 들었다.

　"나는 이곳 교구를 책임지고 있는 주교 대리로서 당신에게 묻습

니다. 그러니 성실하게 대답해 주기 바랍니다."

그러면서 질문하기 시작했다.

"당신이 조지 휘트필드 맞습니까?"

"맞습니다."

"당신은 국교회에서 안수를 받은 사제가 맞습니까?"

"네, 저는 국교회에서 안수를 받았습니다."

"그렇다면 어찌하여 당신은 국교회가 제정한 교회법을 따르지 않고 있습니까?"

"제가 국교회의 법을 따르지 않는다는 증거를 먼저 말씀해보십시오."

"당신은 우선 우리 국교회가 제정한 교구 체계를 따르는 것부터 거절하고 있습니다. 게다가 이곳 찰스턴은 당신의 교구가 아님에도 불구하고 집회를 하러 오지 않았습니까? 또 있습니다. 우리 국교회에서는 다른 교파 사람들에게 설교하는 것을 금하고 있다는 사실은 당신도 잘 알고 있을 것입니다. 그런데도 불구하고 당신은 지금까지 국교도, 비국교도 가리지 않고 설교를 했습니다. 이처럼 교회법을 무시하고도 당신이 국교회 사제라고 할 수 있습니까?"

가든이 휘트필드를 몰아붙이듯이 질문을 했다. 그러나 조지 휘트필드는 여유 있는 태도로 대답했다.

"방금 당신이 말한 교회법이라는 것이 국교회에는 맞을지 모르지만 성경의 가르침에는 맞지 않는다고 생각합니다. 부활하신 예수께서 제자들을 향하여 땅 끝까지 복음을 전하라고 명하셨던 사실을 당신도 잘 알고 있지 않습니까? 그런데 어찌 교구 제도가 성경의 가르침에 맞겠습니까!"

"…."

"또 다른 교파 사람들에게 설교해서는 안 된다는 법도 마찬가지입니다. 복음을 전파하는 목적이 죽어가는 영혼을 구원하는 데 있는 것이라면, 국교회 역시 다른 교파 사람들을 향해서도 설교해야 하지 않겠습니까? 그런데 그런 중대한 일을 두고서 교회가 오히려 사제들의 발을 묶고 입에 재갈을 물리는 것이 바로 반 복음적이요 반 성경적인 행위가 아니고 무엇이겠습니까."

조지 휘트필드가 이처럼 거침없이 답하자, 가든의 얼굴이 벌게지기 시작했다. 그러더니 그는 엉뚱하게도 다른 부분을 들추면서 다시 휘트필드를 공격하기 시작했다.

"그건 그렇다 치고, 벌써 신대륙 사람들이 다 잘 알고 있는 것처럼 당신은 흑인 노예들을 부리는 백인들을 규탄하는 글을 써서 대대적인 물의를 일으켰습니다. 노예제도는 구약성경에도 규정하고 있고 심지어는 사도 바울까지도 이 제도를 용인하고 있는데, 어째서 당신은 백인들을 나무라는 것입니까?"

찰스턴은 개척 초기부터 흑인 노예들의 노동력을 이용하여 부를 쌓은 대농장주들이 모여 살던 곳이었다. 그런 까닭에 가든은 그곳 농장주들의 앙심을 충동질하려는 의도를 가지고 휘트필드에게 시비를 걸어온 것이다. 그런 의도를 충분히 파악한 휘트필드는 당당하게 말했다.

"구약 시대나 신약 시대에 노예제도가 용인되었던 것은 어디까지나 하나님의 공의에 근거를 둔 것이었고, 그때는 노예들에게 대가도 정당하게 지불했습니다. 그런데 보십시오, 지금 이곳에 있는 백인들은 흑인 노예들의 살가죽까지 벗겨서 사용할 태세입니다. 그들에게 짐승만도 못한 대접을 하고 있지 않습니까? 그런데도 불구하고 소위 교회 지도자란 사람들이 이런 불의를 꾸짖기는커녕 도리어 감싸고 나서다니, 하나님이 두렵지도 않습니까!"

그러자 가든의 얼굴은 금방 사납게 일그러졌다. 그러나 이내 그는 묘한 웃음을 지으며 시비조로 휘트필드에게 소리쳤다.

"흥, 말 한번 잘하는군요. 그렇다면 당신은 맹세코 결백한 생활을 했다고 자부할 수 있습니까?"

그는 비꼬듯이 말을 이어나갔다.

"당신은 조지아 주에다 고아원을 설립한답시고 영국에서 많은 돈을 끌어모았고, 여기 신대륙에 와서도 그런 수법으로 많은 돈을 끌어모았지요."

"그게 어떻단 말입니까?"

"당신이 그 많은 돈을 혼자 챙겼잖습니까!"

"도대체 그게 무슨 말입니까?"

정말 터무니없는 말이었다. 이 말에 조지 휘트필드의 안색이 변하자 가든은 기회를 잡았다는 듯이 더욱 큰 소리로 다그쳤다.

"흥, 시침을 떼도 별 수 없습니다. 당신이 생색을 내고 모아들인 고아들이 날마다 굶주려 죽어가고 있다는 소식을 들었으니까요. 그것 또한 고아들을 이용한 것이니, 그들의 살가죽을 벗겨먹는 짓 아닙니까? 그러고도 당신이 노예를 부리는 백인들을 나무랄 수 있습니까? 어디 대답해보십시오!"

"…!"

조지 휘트필드는 너무나 기가 막혀 아무 말도 할 수 없었다. 말도 안 되는 트집을 잡으며 억지를 부리는 그에게 어떤 말로도 대답할 수 없었다. 어떻게든 트집을 잡고 꼬투리를 잡으려고 작정한 사람이니 아무것도 먹혀들지 않을 거라고 생각한 휘트필드는 오히려 입을 다물어버렸다.

성 빌립 교회의 주교 대리인 가든이 이처럼 조지 휘트필드를 막고 나섰던 데는 두 가지 까닭이 있었다. 첫째는 영국 국교회 본부로부터 신대륙에서의 조지 휘트필드의 설교 활동에 제동을 걸라는 명령이 내려졌기 때문이고, 둘째는 가든 자신이 예전에 조지 휘트필드로부터 어떤 잘못들 때문에 규탄받은 것에 대해 개인적으로 감정이 상해 있었기 때문이다.

가든은 악담을 하는 것에 그치지 않고 조지 휘트필드를 교회법정에 고소했다. 합법을 가장하여 휘트필드를 찰스턴에서 당당하게 몰아내기 위해서였다.

조지 휘트필드는 국교회에서 사제 서품을 받은, 엄연한 국교회 성직자였다. 그리고 그가 비록 국교회의 잘못을 비판하긴 했지만 국교회 자체를 부정하지도 않았다. 그런데도 국교회는 먼저 조지 휘트필드를 막고 나선 것이다. 조지 휘트필드는 가든의 법정 고소를 거부하면서 런던의 고등법원에 항소하겠다고 선언했다.

그런데 조지 휘트필드가 찰스턴에서 국교회로부터 이런 불행한 일을 당하자 오히려 그 반작용으로 찰스턴에 세워져 있던 많은 다른 교파의 교회들, 곧 장로교회, 독립교회, 침례교회 등이 그를 대대적으로 지지하며 그의 사역을 환영했다.

"휘트필드 신부는 시대적인 설교자이다."

"우리는 그를 그리스도의 이름으로 환영한다."

"여기서도 그로 하여금 야외 설교의 열풍을 일으키도록 하자."

그러나 가든의 끊임없는 시비로 결국 1년 후에 찰스턴의 교회법정은 휘트필드에게 사역 정지 판결을 내리고, 교회 앞에서 공개적으로 그를 탄핵할 것이라고 선언했다.

이런 충격적인 사건이 있은 지 얼마 되지 않아, 그는 또 한 차례 괴로운 일을 만났다. 엘리자베스 델라모트의 아버지인 토머스에게서 온 편지 때문이었다.

> 내 딸이 나와는 아무런 의논도 하지 않고 휘트필드 신부님께 청혼을 했던 모양입니다. 이런 일은 나의 큰 불찰이니, 정중히 사과드립니다.

간단한 내용이었으나 정중하게 거절하는 내용이었다. 휘트필드에게는 그 무엇보다도 큰 충격이었다.

'무슨 이유에서 이런 편지를 보냈을까?'

그로서는 도저히 이해할 수 없었다. 엘리자베스가 아버지의 허락도 없이 청혼 편지를 보냈다는 것도 이해가 되지 않았고, 또 먼저 청혼을 해놓고 자신의 승낙을 거절한 것도 이해가 되지 않았다. 이런 어처구니없는 상황을 조지 휘트필드는 받아들일 수 없었다. 청혼 거절은 그에게 믿고 싶지도 믿어지지도 않았다. 최소한 두 사람이 서로 애정을 가지고 있었던 것은 분명한 사실이었기 때문이다.

얼마 후 휘트필드는 델라모트 양과의 결혼이 어긋난 이유를 짐작할 수 있었다. 엘리자베스 델라모트의 아버지인 토머스가 온 가족을 데리고 존 웨슬리와 함께 모라비안의 모임이 참석했던 일이 떠오른 것이다. 토머스 델라모트는 휘트필드의 설교도 좋아했지만 존 웨슬리와도 평소에 가깝게 지내던 터였다.

사실 토머스가 조지 휘트필드를 처음 자기 집으로 초대했을 때만 해도 그는 딸의 결혼 상대자로 휘트필드를 생각한 것이 분명했다. 그러다가 조지 휘트필드가 신대륙으로 떠난 후 교리 문제로 휘트필드를 비난하는 웨슬리의 설교를 거듭 듣고는 토머스 델라모트의 마음도 바뀐 것이다.

훨씬 훗날에야 확인하게 되었지만, 그때 엘리자베스 델라모트는 아버지의 권고에 따라 조지 휘트필드와 결혼하려던 계획을 버리고 그 후 곧 윌리엄 홀란드와 결혼했다. 윌리엄 홀란드는 웨슬리가 회심하던 날 밤 마틴 루터가 쓴 로마서의 머리말을 읽어주었던 사람이다.

조지 휘트필드가 이 일로 받은 충격은 몹시 컸다. 그 당시의 심정을 그는 후에 이렇게 고백했다.

그때의 슬픔은 그때까지 내가 겪었던 슬픔 가운데 가장 견디기 어려운 것이었다. 사실 그때는 주님의 그 어떤 말씀으로도 위로가 되지 않았다.

조지 휘트필드는 너무 낙심하여 자신의 사역에 대해서도 의욕을 잃을 정도였다. 그래서 잠시 동안이라도 모든 일에서 벗어나 휴식을 취하고 싶어, 조지아 주 사반나로 돌아갔다.

그는 사반나에서 지내면서 어느 정도 마음의 평안을 되찾았다. 고아원 설립 공사가 아무런 어려움 없이 진행되어가고 있었고, 임시로 빌린 건물이었지만 그 안에서 고아들이 잘 자라고 있는 것이 무엇보다도 그에게 큰 위로가 되었다.

'그래. 내 곁에는 내 손으로 돌보아야 할 영혼들이 많이 있는데 한낱 실연의 상처 때문에 실망하고 고민하고 있을 수만은 없어. 이 아이들 하나하나가 얼마나 귀중한 하나님의 자녀들인가. 이들이 나를 바라보고 있는데 내가 이렇게 실의에 빠져 있다니, 이건 부끄러운 일이야.'

사반나에서 재충전한 조지 휘트필드는 새로운 각오를 가지고 다시 사역에 뛰어들었다. 이번에는 뉴잉글랜드 지방으로 전도 집회를 떠났다. 매사추세츠 주의 총독과 사무관 그리고 수많은 교회 지도자들이 그를 초청했기 때문이다.

그가 보스턴에 도착했을 때, 수많은 사람들이 그의 설교를 듣기 위하여 구름떼처럼 몰려들었다.

"조지 휘트필드가 이곳 보스턴까지 왔다."

"그는 우리 시대를 위하여 하나님께서 보내신 대 설교자이다."

"그의 설교를 듣고 나서 변화되지 않은 사람은 하나도 없다."

어느새 이런 소문이 보스턴의 거리마다 퍼졌다. 첫 번째 집회 때에는 너무 많은 인파가 몰려들어 시 당국자들과 경찰들은 질서를 유지하느라 애먹었다. 집회가 거듭될수록 사람들이 더 많이 모여들었으나 염려할 만한 불상사는 일어나지 않았다.

그러나 뉴사우스 교회에서 집회를 개최하는 동안 그만 사고가 일어나고 말았다. 사람들이 몰려들어 한쪽 벽이 무너져내리는 바람에 다섯 사람이나 깔려서 죽은 것이다. 이 사고는 조지 휘트필드가 도착하기 전에 일어났다. 교회에는 발 디딜 틈도 없이 사람들이 꽉 들어차 있었는데, 어떤 사람이 간이좌석을 만들려고 바닥 패널을 하나 뜯어내는 순간, 벽이 무너지진 것이다. 교회당 안은 삽시간에 비명과 공포의 도가니로 변하였고, 허둥대는 군중들 때문에 사상자는 더 많아졌다.

조지 휘트필드는 사고 때문에 난감했지만 그렇다고 집회를 중단할 수도 없었다. 그래서 그날 넓은 광장으로 옮겨서 집회를 했다. 그는 광장에서 설교를 했다.

"사랑하는 형제자매 여러분. 주님께서는 우리를 향하여 '주인이 종에게 이르되 길과 산울타리 가로 나가서 사람을 강권하여 데려다가 내 집을 채우라'고 말씀하셨습니다. 이 말씀은 우리에게 이제는 내 집만 채울 것이 아니라 이곳 보스턴 광장까지 채우라는 경고와도 같은 것이라고 생각합니다."

사고에도 불구하고 보스턴에서 집회는 날마다 뜨겁게 이어졌다.

이를 흐뭇하게 지켜보던 사람이 하나 있었는데, 그는 바로 조지 휘트필드를 초청한 매사추세츠 주 총독인 조나단 벨처였다. 어느 날 두 사람은 식탁에 마주앉아 대화를 나눌 기회가 생겼다. 먼저 벨처가 입을 열었다.

"날마다 휘트필드 신부님의 설교를 들으면서, 아마 나만큼 기뻐하는 사람은 없을 것입니다."

"과찬입니다. 총독님."

"아닙니다. 신부님의 설교는 정말 훌륭합니다. 사람을 두려워하지 않고 권력자와 지배자들의 불의도 고발하고 비판하는 그 용기는 우리의 생각을 대변하는 것이었기에 더욱 인상 깊었습니다."

"사실 총독께서도 권력자 가운데 한 사람이요, 지배자 가운데 한 사람 아닙니까."

"맞습니다. 아니, 따지고보면 나야말로 권력자와 지배자의 두목이요, 그래서 그만큼 불의의 고수가 될 수 있지요."

"그런데도 불구하고 도리어 불의를 규탄하는 말을 인상 깊게 들으셨다니 잘 이해되지 않는군요."

"오랫동안 곪은 상처를 칼로 쨀 때의 아픔과 통쾌함 같은 것이랄까요. 만약 이번에 그런 아픈 수술을 하지 않는다면 썩은 고름을 언제 또 제거할 수 있겠습니까. 휘트필드 신부님, 어떤 권력자나 지배자도 의식하지 말고 용감히 하나님의 공의의 말씀을 선포해주십시오. 진정 이 시대는 정의의 부르짖음이 꼭 필요합니다."

휘트필드는 그와의 대화를 통해 사역을 계속해나갈 힘과 용기를 얻었다.

하나님의 분노를 보라

보스턴의 마지막 집회 때에는 청중이 3만 명 이상이나 모였는데, 당시 보스턴 인구는 3만 명이 안 되었다. 곧 다른 지방 사람들도 참가했다는 것이다. 교통 수단이 발달하지 않은 시절이었으므로 참으로 놀라운 숫자가 모인 것이다.

그의 설교는 마지막에 이르러 더욱 뜨거워졌다.

"사랑하는 형제자매 여러분. 이번 우리 사이에서 일어난 복음대로 살겠다는 이 열심이 오늘로서 끝나지 않고, 이후에 이곳 보스턴에서 계속해서 불타오르기를 바랍니다. 또한 좋은 일꾼들도 뽑으셔서 주의 일을 잘 감당하게 하시기 바랍니다."

그의 이런 기원은 그가 보스턴을 떠난 후에 그대로 이루어지게 되었다. 토머스 프린스 같은 열심 있는 목회자들이 일어나 조지 휘트필드가 일으켜놓은 신앙의 불길을 계속 이어나가며 정기적인 연합 집회를 개최하는 등 그 열기를 더욱 뜨겁게 만들어갔기 때문이었다.

조지 휘트필드는 보스턴을 떠나 이번에는 노샘프턴으로 향했다. 노샘프턴은 신학자이자 철학자인 조나단 에드워즈 목사가 사역하는 지방이기도 했다. 휘트필드는 뉴잉글랜드 지역에 가기에 앞서 이미 에드워즈 목사로부터 편지를 받았다.

> 존경하는 휘트필드 신부님, 저에게는 큰 소망이 하나 있습니다. 전도 집회를 위하여 뉴잉글랜드에 온다면 꼭 이곳 노샘프턴을 찾아주십사 하는 것입니다. 신부님께서 개최하는 집회 때마다 놀라운 성과를 거두고 있다는 사실은 익히 들어 잘 알고 있습니다. 이 지방에서도 조지 휘트필드 신부님의 설교를 들을 수 있는 기회가 있었으면 하는 바람으로 이 편지를 씁니다.
>
> 당신의 사역에 대한 얘기는 정말 듣기만 해도 영혼에 새 힘이 솟구칩니다. 이곳 신자들도 당신의 힘 있는 설교를 꼭 들을 수 있도록 해주십시오. 나의 이 부탁을 꼭 들어주시길 바랍니다.
>
> 신부님께서 이곳을 찾아주실 것을 기대합니다.

조지 휘트필드는 이 편지를 받자마자 노샘프턴을 향해 출발했다. 그는 나흘 동안 에드워즈 목사가 시무하는 교회에서 집회를 열었다. 에드워즈 목사가 기도로 준비했던 것만큼이나 은혜로운 집회가 되었다. 에드워즈 목사는 조지 휘트필드의 설교가 계속되는 동안 감격스러운 마음을 누르지 못하고 흐느껴 울었다.

집회를 마친 후 두 사람은 대화를 나누었다.

"휘트필드 신부님의 설교는 기대 이상이었습니다."

"칭찬해주시니 감사합니다. 설교의 어떤 점이 좋았습니까?"

"신부님이 강단 위에 섰을 때부터 우리 교회가 성령으로 뜨거워지는 것을 느낄 수 있었습니다."

"저도 이 집회에 성령님의 은혜가 차고 넘친다는 것을 강하게 느꼈습니다. 그런데 에드워즈 목사님은 감정이 풍부하신 것 같습니다. 집회하는 동안 계속 눈물만 흘리셨으니 말입니다."

"사실은 그렇지 않습니다. 저는 상당히 이성적인 사람이라 눈물을 흘리는 일이 거의 없습니다. 그런데 신부님의 설교만 들으면 눈물이 흘러나오지 뭡니까."

에드워즈 목사의 부인도 조지 휘트필드에게 설교를 듣고 난 후 이렇게 느낌을 이야기해주었다

"신부님의 설교는 단순하면서도 사람들을 감동시키는 놀라운 힘이 있는 것 같아요. 1천 명 이상의 사람들이 숨을 죽인 채 신부님의 말을 한마디도 놓치지 않으려고 귀를 기울이는 모습을 보면서 저 역시 감동을 받았습니다. 신부님의 설교에 은혜를 받지 못하고 돌아간 사람은 아마 한 사람도 없을 거예요. 그들의 표정을 보면 알 수 있는 일이니까요. 어쨌든 저는 이번 기회를 통해 우리의 사역이 새로워져야 한다는 생각을 많이 했답니다."

≈

노샘프턴을 떠난 조지 휘트필드는 미들타운으로 향했다. 사도 바

울이 드로아에 머물러 있을 때에 환상 중에 '마게도냐로 건너와서 우리를 도우라'는 소리를 들었듯이 그도 미들타운 사람들의 간청을 무시할 수가 없었기 때문이었다.

미들타운에서 집회를 하는 동안에 조지 휘트필드는 날씨 덕분에 더욱 실감나는 설교를 할 수 있었다. 수천 명의 청중이 모인 자리에서 한창 설교를 하던 중에, 그때까지 맑았던 하늘에 갑자기 구름떼가 몰려오기 시작했다. 구름이 빠른 속도로 움직였기 때문에 땅에 생긴 그림자도 빠른 속도로 움직였다.

조지 휘트필드는 재빠르게 움직이는 구름 그늘을 손가락으로 가리키면서 외쳤다.

"사랑하는 형제자매들이여, 이렇게 빠르게 지나가는 구름떼의 그림자를 보십시오. 우리의 인생도 이처럼 빠르게 지나가는 것입니다. 그런데도 우리는 그것을 잊고 욕심에 끌려 하루하루를 보내고 있습니다. 우리 가운데 자기의 인생을 마음대로 할 수 있는 사람은 아무도 없습니다. 그런데도 사람들은 삶이 그렇다는 것을 자꾸 잊어버리고 제대로 알지 못합니다."

이렇게 말하는 동안 금세 날씨가 변하였다. 구름떼는 순식간에 먹구름으로 변하여 온통 하늘을 뒤덮더니 이내 땅이 무너지기라도 할 듯한 천둥소리와 함께 소낙비를 퍼부었다.

우르르 쾅쾅.

쏴, 쏴, 쏴아.

번개가 번쩍이면서 천둥이 쿠쿵 울려대자 사람들은 웅성거리기 시작했다. 그것을 보고 조지 휘트필드가 목청 높여 말했다.

"자, 여러분 보십시오. 이 번개야말로 마지막 날에 하나님께서 내리시는 심판의 불이며, 땅을 진동하는 천둥소리야 말로 하나님의 분노가 아니겠습니까? 인생은 빠르게 지나가지만 그 후에는 분명히 무서운 심판이 기다리고 있다는 사실을 깨달아야 합니다. 지금 우리는 우리의 죄를 통회하는 심령으로 회개하지 않으면 안 됩니다. 불의를 보고 노하시는 하나님의 음성을 들어야 합니다!"

조지 휘트필드의 도전적인 설교는 사람들의 마음을 정곡으로 찔렀고, 그곳에 모인 사람들이 빗물처럼 눈물을 쏟으며 회개하는 역사가 일어났다. 대개 야외의 모임이나 집회 때 이런 날씨를 만난다면 누구나 비를 피해 달아나기에 바빴을 것이다. 그러나 그날 조지 휘트필드의 설교를 듣던 이들은 그 누구도 그 자리를 떠나지 않고 설교에 귀를 기울였고, 마지막 결단의 시간까지 그 어떤 동요도 없었다.

집회가 모두 끝날 무렵에는 검은 구름이 걷히고 밝은 태양이 비추며, 언제 비가 내렸냐는 듯 맑고 찬란한 햇빛이 내리쬐었다. 이런 극적인 날씨 변화 속에서 사람들의 마음을 더욱 두드린 것은 비가 그친 하늘에 떠 있는 무지개였다. 조지 휘트필드는 밝은 태양과 아름다운 무지개를 가리키면서 군중들을 향해 다시 한 번 외쳤다.

"형제자매 여러분, 심판은 두려운 일입니다. 그러나 저 태양을 보십시오. 하나님을 굳게 믿는 성도는 저 밝은 태양처럼 심판을 이기고 자랑스럽게 드러나게 마련입니다. 하나님은 이런 영광을 저 무지개처럼 언약으로 보증해주셨습니다. 하나님의 오묘한 섭리는 참으로 놀라운 것입니다."

이 말이 떨어지자 청중 사이에서는 '아멘' 하는 소리가 합창처럼 울려퍼졌다. 이날의 설교는 날씨 변화를 효과적으로 사용한 극적인 설교였다.

조지 휘트필드는 하버드 대학교와 예일 대학교에 가서도 설교했다. 두 명문 대학교에서는 주로 교육의 비신앙적인 태도를 지적하며 비판했다.

"우리 학교교육의 방향은 이젠 바뀌어야 합니다. 구시대적인 보편 윤리만을 주장할 것이 아니라 우리의 영혼을 살리는 교육에도 힘을 써야 합니다. 이 나라 젊은이들의 영혼이 살아 있지 않다면 이 나라엔 희망이 없기 때문입니다."

그는 다음과 같이 대안을 제시했다.

"우리의 교육이 바람직한 방향으로 가려면 먼저 교육자들이 거듭나지 않으면 안 됩니다. 마차를 보십시오. 아무리 마차가 좋아도 달리는 말이 그 길을 벗어난다면 마차는 목적을 잃고 수렁에 빠지고 맙니다."

그 후 조지 휘트필드는 뉴 잉글랜드를 떠나 다시 조지아 주로 향하면서도 도중에 여러 도시에 머물러 많은 사람들 앞에서 설교를 했다. 이렇게 약 1년에 걸친 조지 휘트필느의 신대륙 사역은 일단 막을 내렸다.

짧은 기간 동안의 활약이었지만 그는 많은 사람에게 변화를 가져다주었다. 그의 설교를 들었던 귀족이나 철학자, 정치가 등 다양한 계층의 사람들이 변화되었으며, 그의 사역은 신대륙 안에서 일어난

'대각성운동'의 불씨가 되었다는 점에서 그 의의가 더욱 크다. 조나단 에드워즈나 길버트 터넨트 같이 능력 있는 사역자들은 휘트필드의 뒤를 이어 영적 대각성의 불길을 점점 더 넓고 크게 피워나갔다.

∽

1741년 1월, 조지 휘트필드는 신대륙을 떠나 다시 영국을 향해 출항했다. 두 번째로 신대륙을 방문한 지 1년 2개월 만의 일이었다. 그는 그동안 자신이 영국에 뿌려놓은 복음의 상태를 살피고 돌보기 위해, 또 고아원 경영을 위한 기금도 더 모으기 위해 영국행 배에 몸을 실었다.

조지 휘트필드는 조국으로 향하는 배 안에서 내내 우울한 마음을 감출 수가 없었다. 자신을 비난하는 존 웨슬리와 엘리자베스 델라모트에 대한 기억 때문에 그의 마음은 불편했다. 그 문제들에 대해서는 나름대로 마음을 정리했다고 생각했는데도, 영국이 가까워지자 마음 바닥에 가라앉아 있던 앙금들이 다시 떠올랐다. 그러나 그는 다시 마음을 가라앉히고 희망적인 생각으로 우울한 마음을 덮으려 했다.

그러나 그가 영국에 도착했을 때, 존 웨슬리의 일은 그의 예상보다 문제가 훨씬 심각해져서 그를 고통과 고난과 암흑의 자리로 몰아넣었다. 휘트필드가 신대륙에 가 있는 동안 이미 교리적인 문제로 갈등을 겪은 터라, 그는 영국에 도착하자마자 존 웨슬리부터 만나보고자 했다. 아무래도 서로 이해하고 화합하는 일이 필요하다고 생각했기 때문이었다.

두 사람은 런던에서 만나 인사를 나누었다. 1년 만의 해후였다. 그러나 예전의 친밀감은 느낄 수 없었고, 그저 의례적인 인사만이 남아 있었다. 먼저 조지 휘트필드가 입을 열었다.

"제가 필라델피아에서 웨슬리 신부님께 보낸 편지를 받아보셨습니까?"

"예, 잘 받았습니다."

"나는 그곳에서 존 웨슬리 신부님의 소식을 듣고 정말 놀랐습니다. 저와 교리가 서로 다르다는 점을 들어 비난하셨다는 것이 도저히 믿어지지 않았습니다. 이제 이렇게 대면했으니 서로에 대한 생각을 확인하고 정리했으면 합니다. 먼저 한 가지 여쭤보고 싶군요. 신부님께서 나를 비난하고 다녔다는 말이 사실입니까?"

존 웨슬리는 조금도 주저하는 기색이 없이 대답했다.

"나도 이런 일에는 솔직할 필요가 있다고 생각합니다. 사실 교리 문제는 구원이 달린 아주 중요한 문제이니까요. 분명히 말하지요. 나는 각처에 다니면서 휘트필드 신부가 따르고 있는 칼빈 사상을 정면으로 비난했습니다."

그는 이어서 휘트필드에게 질문을 했다.

"나 역시 이 기회에 확인하고 싶은 것이 있습니다. 휘트필드 신부님은 분명히 예정론을 믿고 있습니까?"

"그렇습니다. 칼빈은 하나님께서 구원할 자를 미리 예정하셨고 그 밖에서는 절대로 구원을 받을 수 없다고 가르쳤는데, 나는 이 가르침이 성경적이라고 믿고 있습니다."

"그럼 구원받지 못할 자도 미리 예정되어 있다는 말이 되는군요."

"물론입니다."

"성경 어디에 그런 가르침이 있습니까?"

"성경 여러 군데에서 발견할 수 있습니다. 그리고 이런 가르침을 부정한다는 것은 전능하신 하나님의 섭리를 부정하는 것과 마찬가지라고 생각합니다."

"휘트필드 신부님, 그것은 잘못된 사상입니다. 성경은 누구나 하나님을 믿으면 구원받는다고 말씀하지 않습니까?"

"잘못된 사상이 아닙니다. 성경이 말씀하는 진리입니다."

다른 의견이 팽팽하게 맞서자 잠시 침묵이 이어졌다. 조지 휘트필드가 그 침묵을 깨며 입을 열었다.

"그렇다면 나도 다시 물어보지요. 웨슬리 신부님이 《그리스도인의 완전》이라는 책을 통해서 '성도는 누구든지 이 세상에서도 죄가 전혀 없는 상태에 이를 수 있다'고 가르쳤다는데, 그게 사실입니까?"

"사실입니다."

"성경 어디에 그런 가르침이 있습니까?"

"성경 곳곳에 기록되어 있습니다. 주께서도 우리더러 완전하게 되라고 명하시지 않았습니까."

"그건 어디까지나 우리가 지향해야 할 목표를 말하는 것이지 우리가 도달한 상태를 가리키는 말이 아닙니다. 그럼에도 불구하고 신자가 이 땅에서도 완전에 이를 수 있다고 가르치는 것은 하나님을 모독하는 일이 아닐까요."

"어째서 그것이 하나님께 대한 모독이라는 겁니까?"

"인간이 아무리 죄 사함을 받아 깨끗해졌다고 해도 그 역시 용서받았을 뿐 여전히 죄인에 지나지 않습니다. 그런데 자기 스스로 완전해졌다고 여긴다면 그게 바로 하나님을 모독하는 것이 아니겠습니까?"

"내가 가르치는 완전은, 성경 말씀 그대로 눈처럼 희게 죄를 씻음받은 영혼의 상태를 말하는 것입니다. 만약 그렇지 않고 여전히 죄가 남아 있다면 어찌 그것이 완전한 용서가 되겠습니까?"

두 사람은 처음부터 서로를 이해하려는 마음으로 만난 것이 아니었다. 자기의 생각을 굽히지 않겠다는 강한 의지를 가지고 대화를 했기 때문에 시간이 흐를수록 목소리만 높아갈 뿐이었다.

캄캄한 때를 만나

　　　　　　　조지 휘트필드와 존 웨슬리는
서로 이해하려고 노력하기보다는 자기의 교리가 옳다는 것을 상대
에게 이해시키려고만 했다. 휘트필드는 교리의 차이를 좁히기가 힘
들 것이라고 판단하고, 존 웨슬리에게 이렇게 말했다.

　"서로의 신앙관이 다른 것은 유감입니다. 비록 그렇더라도 상대
방을 비난하는 일은 서로 피하는 게 좋겠습니다."

　그러나 존 웨슬리는 차가운 한마디를 남기고는 자리를 떠나버
렸다.

　"피차 길이 다른데 어떻게 그럴 수 있습니까?"

　존 웨슬리가 떠나버린 후에 조지 휘트필드는 한동안 혼자서 그 자
리를 지키고 앉아 있었다. 교리가 다르다지만 옛 우정마저 변해버린
존 웨슬리의 태도가 너무나 무정하여 가슴이 아팠다. 그의 눈에서

눈물이 흘러내렸다.

사람들은 이때 두 사람의 결별을 두고 존 웨슬리를 두둔했는데, 그렇게 된 데는 이유가 있다. 조지 휘트필드가 자신의 정당성을 드러내고 주장하기보다 마음의 상처를 조용히 감당해냈기 때문이다. 그는 참으로 높은 인격자였다. 먼 훗날 두 사람은 그리스도의 사랑 안에서 서로 화해했지만, 그 시간이 되기까지 두 사람의 마음은 매우 아팠다.

조지 휘트필드는 우울한 마음을 훌훌 털어버리려고 서둘러 야외 집회를 계획했다. 자신의 목적을 잊지 않고, 사역에 온전히 헌신할 준비를 했다. 야외 집회 장소는 이전에도 성공적으로 집회를 마쳤던 무어필드 공원과 케팅턴 공원으로 정했다.

그런데 그의 집회에는 예상 외로 적은 사람들이 모였다. 예전 같으면 사람들이 구름떼처럼 몰려들었을텐데, 이번에는 첫날 첫 번째의 집회에 겨우 2~300명만 모여 어슬렁댔다.

'도대체 어떻게 된 일이지?'

정말 알 수 없는 일이었다. 예상하지 못했던 일이어서 그는 더욱 당황했다. 그 적은 수의 청중들 가운데에서는 설교하는 도중에 두 손으로 귀를 막고 집회 장소를 나가는 사람도 있었다. 주변 사람들이 그 이유를 말해주었다.

"일이 이렇게까지 될 줄은 몰랐네요. 사실 그동안 존 웨슬리 신부님이 집회 때마다 휘트필드 신부님이 이단자라고 선전했습니다."

"휘트필드 신부님의 집회에는 절대로 참석하지 말라고 선동하기도 했고요."

"그래도 이렇게까지 사람들이 안 모일 줄은 몰랐습니다…."

존 웨슬리. 한때는 자기를 무척이나 아끼고 사랑해주었던 사람, 그래서 기꺼이 따르고 존경했던 사람. 그러나 이제는 사랑하고 존경했던 크기만큼 커다란 배신감이 밀려왔다. 교리에 대한 차이를 줄여보려고 런던에 도착하자마자 그를 먼저 만나지 않았던가. 그런 노력조차 참으로 회의가 느껴졌고 실망스러웠다.

사실 조지 휘트필드가 신대륙에서 활발하게 사역을 하고 있을 때, 곧 그가 영국으로 돌아오기 전부터 모든 상황이 그에게 불리한 쪽을 돌아가고 있었다. 전에는 휘트필드를 따르던 많은 사람들이 존 웨슬리 쪽으로 돌아섰고, 그러는 동안 존 웨슬리는 조지 휘트필드를 비난하고 이단자라고 규탄했다. 그러다보니 조지 휘트필드의 명성과 노력은 모두 사라져갔다.

그는 매우 실망하며 절망에 빠졌다. 영국에서 복음을 증거할 모든 길이 막힌 것처럼 보였기 때문이다.

'그 많은 성도들을 잃었다는 것은 이제 내 전도 활동에도 막이 내렸다는 것인데, 그렇다면 고아들을 살리기 위한 모금 활동도 더 이상 전개할 수 없는 건 아닐까.'

이런 생각은 그를 더욱 힘들게 했다.

그는 런던에서 우울한 하루하루를 보내며, 집회를 쉬는 동안 설교집을 출판하기 위해 설교 원고를 정리하고 있었다. 그가 신대륙으로 떠나기 전부터 약속했던 일이라, 입으로 하는 설교 대신 글로 설교를 할 생각이었다.

"안녕하십니까, 허튼 씨."

"아, 휘트필드 신부님…."

"설교 원고 정리는 거의 끝났습니다."

"수고하셨습니다. 그런데 신부님…."

"예, 말씀하십시오."

"그 사이에 문제가 좀 생겼습니다."

"그 사이…라니요?"

"신부님이 신대륙에 가 계신 동안 말입니다."

"무슨 문제인가요?"

"아시다시피 저는 모라비아 교도입니다. 그래서 그 가르침대로 모라비안의 가르침과 다른 책들은 일체 출판하지 않기로 했습니다."

출판업자 제임스 허튼의 말에 휘트필드는 항의했다.

"이미 오래전부터 약속한 일 아닙니까."

"그렇긴 하지요. 하지만 신앙이 우선이다보니, 우리 가르침과 다른 책은 출간하기가 곤란하군요."

"제 설교집은 복음에서 빗나갔다는 말입니까?"

"그런 것은 아닙니다만…. 아무튼 저는 신부님의 설교집을 출판할 수 없습니다."

"잘 알겠습니다."

"죄송합니다…."

조지 휘트필드는 또 한번 좌절을 맛보아야 했다. 이제는 그동안의 사역과 열정에 대해 허탈감마저 들었다. 먼저 설교집을 출판하자고 손을 내밀더니, 이제 이단자로 몰리니까 나몰라라 내치는 태도에 그는 큰 상처를 받았다.

~

이런 상황에서 휘트필드의 좋은 동반자인 윌리엄 슈어드마저 세상을 떠나고 말았다. 윌리엄 슈어드는 조지 휘트필드와 함께 영국에 도착하자마자 하웰 해리스가 활동하던 웨일스로 갔다. 그의 야외 집회 활동을 도와주기 위해서였다.

하웰 해리스는 여전히 반대 세력으로부터 어려움을 당하고 있었다. 반대자들은 이제 폭력까지 쓰면서 해리스의 사역을 방해했다. 해리스의 설교가 한참일 때 한 무리의 폭도가 집회 장소에 들이닥쳤다.

"저놈을 어서 끌어내려."

"이 자리에서 당장 죽여버리자구."

"이단자는 설 자리가 없도록 만들어야 해."

그들이 해리스를 가리켜 '이단자'라고 하는 것으로 보아, 폭도들은 국교도의 지시 아래 난동을 부리는 것이 분명했다. 폭도들은 순식간에 해리스를 단상에서 끌어내리더니 어디론가 끌고 가려고 했다. 그것을 본 윌리엄 슈어드는 그들 무리의 앞을 가로막았다.

"감히 전도자를 해치려 들다니, 하나님이 무섭지도 않습니까?"

폭도들의 시선이 일제히 슈어드에게 쏠렸다. 그들은 자기들을 막는 사람이 누구인지 알아보지도 않고 소리부터 질렀다.

"넌 또 뭐야?"

"이놈부터 없애버릴까?"

"누구 앞에서 감히 훈계를 해!"

슈어드는 그들 앞에서 조금도 물러서지 않고 하웰 해리스를 보호하려 했다. 그러나 그것은 계란으로 바위를 치는 격이었다. 싸움에 능숙한 폭도들 앞에서 그는 지푸라기처럼 맥없이 쓰러질 수밖에 없었다. 이후에 다른 집회에서는 돌팔매질을 당하기도 했다.

이런 봉변을 당한 후 그는 자리에 누워 시름시름 앓기 시작했다. 그러다가 끝내는 숨을 거두고 말았다. 후세 사람들은 슈어드를 '감리교도 최초의 순교자'라고 했다. 이 안타까운 소식은 어려움에 처한 조지 휘트필드를 더욱 수렁으로 빠뜨렸다. 고아원을 짓기 위해 슈어드의 이름으로 가지고 있던 빚을 고스란히 휘트필드가 떠안게 되었기 때문이다.

집회는 가로막히고 사람들의 비방은 계속되었다. 그러기에 휘트필드도 더 이상 웨슬리에게 호의를 품지 못했다. 예전의 일을 생각하면서 가능한 한 그와 화해하려 했지만 오히려 거절당했으니, 더 이상 웨슬리에게 사랑이나 용서의 마음을 가질 수 없었다.

휘트필드가 이렇게 어려움 가운데 처해 있는데도 존 웨슬리는 여전히 그를 비난했다. 아니, 그가 영국으로 돌아온 후부터 비난의 목소리를 더욱 높였다.

어느 날인가는 어떤 무리가 갑자기 휘트필드를 찾아와서 이유 없이 행패를 부렸다.

"이봐요, 휘트필드 신부."

"당신들은 누군데 이렇게 갑자기 남의 집에 들이닥치는 겁니까?"

"그건 당신이 알 바 아니고, 지금 당장 영국을 떠나는 게 당신한 테 좋을 거요."

"무슨 이유로 이곳을 떠나라는 거지요?"

"그동안 우리 앞에서 선량한 전도자인 척했지만 사실은 많은 영혼을 사탄에게 팔아넘긴 이단자니까."

"증거라도 있습니까?"

"당신이 믿고 있는 잘못된 신앙이 그 증거요."

"무엇이 잘못되었단 겁니까? 잘못되었다는 것의 기준이 무엇인가요?"

"선택인가 예정인가 하는 교리가 많은 사람들을 절망의 수렁에다 빠트렸지 않소?"

교리를 가지고 그를 이단으로 몰아가는 것을 보니 웨슬리의 영향을 받은 사람들이 분명했다. 휘트필드는 지지 않고 또박또박 대답했다.

"아니지요. 진리를 진리로 들으려 하지 않을 뿐 아니라 오히려 그런 편견을 가지고 사람들을 엉뚱하게 선동하는 일이 오히려 이단자의 행동이지요."

그들은 자기들의 신념에 정곡을 찔리자 당황하기 시작했다.

"뭐, 뭐라고요?"

"내가 믿는 진리는 참된 신자들에게 더욱 확실한 구원의 신앙을 가져다줍니다. 그 누구에게도 절망을 안기는 것이 아닙니다."

"흥, 끝까지 변명만 하는군."

"변명이 아니라 양심적인 신앙고백입니다."

그들은 악담을 퍼부으면서 그 집에서 나가버렸다.

"하지만 하나님은 절대로 당신을 그냥 두지 않으실 거요. 분명히 하나님은 당신을 버리실 거니까!"

그들이 조지 휘트필드에게 남기고 간 말은 오랜 시간 그의 생각 속을 맴돌았다.

'정말 하나님이 나를 버리실까? 내가 잘못된 믿음 가운데 있었던 걸까? 나는 하나님의 길을 걸어갔다고 생각하고 있었는데…'

여러 가지 생각이 그의 마음을 어지럽혔다. 그의 사역은 자꾸 꼬이기만 했다. 더 깊은 수렁으로 빠져들어가는 것만 같았다.

그러나 문제 해결은 하나님께 달려 있다는 생각으로 기도하기 시작했다. 기도하는 가운데 그는 하나님께서 인도하시리라는 확신이 생겼다. 그런 확신은 조지 휘트필드로 하여금 어떤 상황 가운데에서도 절망하지 않는 힘이 되었다. 그는 오히려 이런 시련들 속에 하나님께서 계획하신 어떤 뜻이 있으리라고 생각했다. 암담한 일들은 불행이 아닌 믿음의 훈련 과정이라고 확신했다. 그러면서 그 모든 고난을 이겨나가야겠다고 마음먹었다. 이런 결심은 당시를 회상하는 말에도 잘 드러나 있다.

얼마 전까지만 해도 나를 따르고 아끼던 사람들이 이제는 나를 조롱하고 비난한다. 그러나 하나님은 그 모든 일의 진실을 알고 계신다. 처음부터 끝까지, 또 모든 것을 낱낱이 알고 계신다. 비록 지금은 고통스럽지만 언젠가 하나님은 나로 하여금 더 큰 영광을 누리게 하실 것이다.

존 웨슬리를 용서하고 다시 사랑한다는 것은 어려운 일이다. 그러나 주님이 죽기까지 하신 그 사랑을 받았기에, 나 역시 존 웨슬리를 용서하고 받아들이며 사랑하지 않을 수 없었다.

사실 모든 상황이 막혀버렸을 때 신대륙으로 떠나고 싶은 충동도 있었다. 그러나 그렇게 도망가듯이 영국을 떠나 신대륙으로 가버린다면 나, 조지 휘트필드는 영원히 이단자라는 오명을 벗지 못할지도 모른다. 그래서 용기를 가지고 이 상황들을 이겨야 한다고 나자신에게 거듭 다짐했다.

조지 휘트필드의 결정은 옳은 것이었다. 시간이 어느 정도 흐른 후에 그에게 힘을 실어주는 일들이 하나둘씩 일어났다.

어느 날 조지 휘트필드를 옹호하던 동료 몇 명이 그를 찾아왔다.

"휘트필드 신부님."

"예."

"아무리 상황이 어렵다지만 이렇게 그냥 주저앉아 있어서는 안되겠다는 생각이 듭니다."

"그럼 어떻게 해야 할까요?"

"우리가 계속 머물면서 복음을 전할 만한 건물을 짓는 일부터 시작하는 건 어떨까요?"

"좋은 생각이군요. 그렇다면 어디에 지으면 좋을까요?"

"당연히 이곳 런던이지요."

"하지만 이곳은 벌써 존 웨슬리의 교구로 인식되고 있지 않습니까?"

"아니오. 존 웨슬리는 휘트필드 신부님의 흉내를 내고 있을 뿐입니다. 야외 집회는 원래 휘트필드 신부님이 시작하신 일 아닙니까? 몇 년 전, 이곳 무어필드 공원에서 처음으로 야외 집회를 했던 일을 떠올려보십시오. 그때 얼마나 많은 사람들이 몰려들었습니까? 그런데 지금 존 웨슬리가 사람들에게 큰 영향력을 가지고 있다고 해서, 이 모든 것이 그의 행보라고 할 수는 없는 일이지요."

"…."

"그러니 휘트필드 신부님, 힘을 내십시오. 우리가 힘껏 돕겠습니다."

그들의 말에 용기를 내어 조지 휘트필드는 무어필드 지역 안에 건물을 짓기 시작하였다. 건물이라고 해도 청중들이 겨우 눈비와 추위를 피할 정도에 불과한, 임시 대형 창고 정도였다. 건물이 완성 단계에 이르자 조지 휘트필드는 이 건물을 '장막'(Tabernacle)이라고 불렀다.

건물이 마련되자 그의 동료들은 〈주간 역사〉라는 정기간행물을 만들기 시작했다. 친분을 가진 사람들끼리 서로 소식을 나눔과 동시에 조지 휘트필드의 활동을 전하기 위해서였다. 그러나 궁극적인 목적은 칼빈주의적 신앙을 영국에 조금씩 소개하는 데 있었다. 많은 사람들이 칼빈주의 신앙에 대해 오해하고 있었다. 그들은 칼빈주의에 대한 올바른 이해도 없이 웨슬리의 말을 듣고 칼빈주의를 이단사상으로 치부해버린 것이다. 이 때문에 조지 휘트필드가 배척당하고 오해를 받았다.

"이런 일은 정말 중요한 것입니다."

"생각해보십시오. 휘트필드 신부님이 신대륙으로 건너간 후 존 웨슬리 혼자 영국 전역을 휘젓고 다니며 줄곧 신부님을 비판하고 비난만 했습니다."

"그러니 신부님이 이단자로 오해받을 수밖에요."

"맞습니다. 그러니 이 기회에 칼빈의 신앙을 제대로 알려주어야 합니다."

〈주간 역사〉를 만드는 이들은 이렇게 말하며, 칼빈주의를 알리고 조지 휘트필드의 정당성을 주장하는 일에 힘을 쏟았다.

존 웨슬리는 그동안 '값없는 은혜' 혹은 '예정론을 반박하며'라는 주제로 설교를 하며 거의 날마다 조지 휘트필드의 신앙을 공격하고 있었다. 그래서 휘트필드의 동료와 친구들은 긴 안목을 가지고 이런 불신부터 씻어내기 위해 노력했다.

사랑의 힘

조지 휘트필드는 〈주간 역사〉 창간호의 머리글에 존 웨슬리에게 보내는 글을 실었다.

내가 존 웨슬리, 당신을 반박하는 글을 써내려가는 동안 내 마음은 죽고 싶을 만큼 괴롭다는 것을 먼저 밝힙니다. 그러나 하나님께 좀 더 충실하고 나 자신과 다른 많은 사람들의 영혼을 위해서는 내가 더 이상 침묵하며 가만히 있어서는 안 된다는 생각이 들어 이처럼 펜을 들었습니다.

사실 당신은 그동안 나의 신앙에 대해 편견을 가지고 많은 사람들을 선동했습니다. 그런 일은 나에게 치명타가 되어 사역을 해야 하는 나의 손발을 묶는 결과를 낳았습니다. 그래도 나는 당신을 용서하고 이해하려고 노력했습니다. 그러던 중에 나와 함께 사역을 하는 동료들이 나에게 충고를 했습니다. 이런 상황에서는 나의 의견도 발표해서 사람들의 오해와 의혹을 풀어주어야 한다고 말입니다.

그리고 내가 당신을 반박하는 글을 쓰기로 한 또 다른 이유는, 나의 달려갈 길과 주님께 받은 나의 사명이 진리를 올바르게 전파하는 일이기 때문입니다.

물론 나의 주장을 받아들이는 사람이 몇이나 될지 나는 모릅니다. 그러나 하나님의 진리에 어긋나지 않는다면 하나님께서 그들을 일깨워주실 것입니다.

조지 휘트필드는 글을 쓰면서 자신의 교리적인 확신은 거듭해서 강조했지만 존 웨슬리를 비방한 적은 한 번도 없었다. 부득이하게 존 웨슬리의 이름을 들어 말할 때는 깍듯이 '나의 존경하는 친구' 혹은 '경애하는 선생님'이라는 존칭어를 사용했다.

서둘지 않고 서서히 접근해가는 조지 휘트필드의 선한 싸움은 마침내 그 효력이 발생하기 시작했다. 그를 냉정하게 바라보던 사람들이 태도를 바꾸어 하나 둘 다시 그에게 돌아오기 시작한 것이다.

"우리가 그동안 조지 휘트필드를 잘못 알았던 것 같아."

"그는 이단자가 아니라 역시 참된 하나님의 사람이었어."

"존 웨슬리가 그에 대해 혹평을 했어. 사실은 그렇지 않았는데."

"역시 진실은 드러나게 마련이야."

"우리가 그동안 조지 휘트필드를 오해했으니, 이제라도 그에게 돌아가야 하지 않겠어?"

그를 외면했던 사람들은 점차 그를 이해하고 오해를 풀기 시작했다. 이런 일 역시 그를 도우시는 하나님의 역사임이 분명했다. 그러면서 무어필드에 세워진 장막으로 사람들이 모여들기 시작했다.

사람들이 조지 휘트필드에게로 빠져나가기 시작하자 존 웨슬리는 몹시 당황했다. 그는 자신의 입장을 변호하려는 시도도 해보았으나 역효과만 났다. 그것은 인간적인 방법으로는 사람들을 끌어모을 수 없다는 반증이었으며, 동시에 다른 사람을 어려운 처지에 몰아넣는 것은 하나님께서 기뻐하시는 일이 아니라는 기본적인 깨우침이기도 했다.

그렇다면 조지 휘트필드가 사람들을 다시 불러모을 수 있었던 힘은 무엇일까? 그 힘은 바로 자신을 대적하는 자까지도 사랑하는 성숙된 인격이었다. 이 사실은 그와 그의 친구가 나눈 대화에서도 알수 있다.

"사람들이 조지 휘트필드 신부님께로 돌아서자, 존 웨슬리 신부는 자신이 믿는 교리를 더욱 강조해서 주장하고 있다고 합니다."

"어떤 방법으로 말입니까?"

"자기와 휘트필드 신부님이 믿는 구원 교리는 비록 다르지만 신부님과 화해하려고 수없이 손을 내밀었는데 휘트필드 신부님이 번번이 거절했다며, 신부님의 구원 교리가 너무 치우쳐 있다는 것입니다. 신부님, 정말로 웨슬리 신부님의 화해 요청을 거절했습니까?"

"천만에요. 처음부터 결별을 선언한 사람은 내가 아니라 웨슬리 형제였고, 그 후로는 얼굴조차 못 봤습니다."

"그렇다면 지금 웨슬리 신부님은 사실을 반대로 말하고 있군요.

그런데도 신부님은 왜 입을 다물고만 계십니까?"

"언젠가는 다 밝혀지겠지요. 지금 이 상황에서 같이 반박한다면 많은 사람들에게 실망을 안겨줄 뿐입니다."

"하지만 만약 휘트필드 신부님이 계속 오해를 받다보면 영국에서의 사역 길이 영영 막힐지도 모르는 일 아닙니까."

"사역의 길과 방향을 여는 건 하나님의 영역이라고 생각합니다."

아무런 대꾸나 변명도 없이 그저 당하고만 있는 휘트필드가 안타깝고 안쓰러워, 그의 친구는 더욱 강하게 말하기 시작했다.

"사실 지금 존 웨슬리 신부가 집회 장소로 쓰는 곳도 그가 불법으로 빼앗은 것과 마찬가지 아닙니까?"

휘트필드는 잠시 뜸을 들이다가 천천히 대답했다.

"그렇긴 하지요. 그러나…"

"아는 사람들은 다 압니다. 그게 원래 신부님과 윌리엄 슈어드가 함께 모금한 돈으로 마련한 건물이라는 것을요. 그런데 웨슬리 신부가 아무런 법적 근거도 없이 그 건물을 독차지하고 사용하고 있지 않습니까."

"그렇다고 할 수도 있지요."

"그런데 신부님은 왜 그냥 계십니까?"

"만약 나까지 웨슬리 신부를 비난하기 시작했다면 어떻게 되었을까요? 아마 지금보다 더 회복하기 힘든 상태가 되었을 것입니다."

"…"

"나는 지금까지 나를 반대하는 사람들에게도 전과 다름없이 우정과 친절을 베풀었습니다. 그게 때로는 손해로 돌아왔지만 그 사실에

대해서는 조금도 후회하지 않습니다. 사랑이야말로 하나님의 힘이란 것을 분명히 믿으니까요. 예수님께서 이미 그 본을 보여주지 않으셨습니까? 하나님의 사랑만이 진리이며 영원하다고 생각합니다. 설사 나를 대적하는 사람이 계속 생기더라도 절대로 맞서지 않고 그리스도의 사랑으로 대할 것입니다."

"불의한 자가 칼을 빼들고 나서도 말입니까?"

"물론 불의는 대적해야 합니다. 그러나 불의를 대적하는 것과 사람을 대적하는 것은 엄연히 다른 일이지요. 불의에 대적한다고 하면서 사람을 해쳐서는 안 됩니다."

휘트필드는 이렇듯 성숙한 인격의 소유자였다. 그렇지만 이런 사실이 역사적으로 부각되지는 않았다. 왜냐하면 존 웨슬리는 두 사람의 충돌 사건에 대해서 연설과 글과 설교로 자기의 입장을 충분히 변호해서 역사적으로 동조를 얻었지만 휘트필드는 그렇게 하지 않았기 때문이다. 휘트필드는 이런 일에 대한 문서를 거의 남기지 않아서 당시의 오해가 그 후로도 오랫동안 이어졌다.

하지만 그가 남긴 다음의 한마디만 들어보아도 그의 입장을 충분히 이해할 수 있다.

가장 가까웠던 친구에게 배척을 당하고, 경멸을 받고, 비난을 받을 때의 고통은 참담한 아픔이었다. 그러나 나는 그 아픔 때문에 그 상황 가운데 함께하시며 나를 위로하시고 연단하시는 예수 그리스도의 진실함과 깊은 사랑을 비로소 온전하게 깨달을 수 있었다. 그것은 내게 큰 힘이요 위로였다.

사람들이 하나둘씩 다시 조지 휘트필드 옆으로 모이면서, 그와 함께 그는 훌륭한 동역자도 한 사람 얻었다. 존 케닉이라는 젊은이였다. 그는 적극적이고 소신도 있는 뛰어난 설교자로서 조지 휘트필드의 활동에 아주 중요한 역할을 감당했다.

조지 휘트필드가 영국으로 돌아온 지 5개월쯤 지나자 그의 사역은 그가 신대륙으로 떠나기 전과 같은 상태로 회복되었다. 짧은 기간이라면 짧은 기간이지만, 조지 휘트필드는 그동안의 내적 싸움에서 승리자가 된 셈이다.

"과연 휘트필드는 훌륭한 전도자이다."

"하나님께서 그를 다시 일으키셨다."

사람들의 입에선 그를 칭찬하는 말들이 오고 갔다.

조지 휘트필드가 영국에서 다시 인기를 회복할 즈음 스코틀랜드의 교회들로부터 초청을 받았다. 그곳에는 장로교 출신의 랄프 어스킨과 에벤에셀 어스킨 형제가 두각을 나타내며 활동하고 있었는데, 그들이 조지 휘트필드에게 초청장을 보내온 것이다.

가능하다면 신부님이 이곳 스코틀랜드에 오셨으면 합니다. 먼저 우리 형제가 간절히 신부님을 만나고 싶고, 이곳의 많은 성도들도 신부님을 뵙고 싶어합니다. 신부님이 여기에 오시면 신부님의 설교를 열망하는 사람들이 크게 환영할 것입니다. 신부님의 이름은 이곳 사람들에게도 널리 알려져 있기 때문입니다.

조지 휘트필드가 그 편지에 대한 대답으로 스코틀랜드 에든버러에 도착한 것은 1741년 7월 말경이었다. 이때 그의 나이는 27세였다. 그가 도착했다는 소문이 나자 이곳저곳에서 사람들이 밀물처럼 몰려왔다. 그의 설교를 갈망하던 사람들이 서둘러 달려왔던 것이다.

그 당시 스코틀랜드 역시 다른 지역과 마찬가지로 신앙적인 갈등이 있었다. 휘트필드를 초청한 랄프 어스킨과 에벤에셀 어스킨은 국교회와 갈등 관계에 있었다. 그들은 다른 몇몇 목사와 함께 국교회의 잘못된 점을 지적하며 연합 장로회를 만들려고 했기 때문이다. 그래서 그들은 국교회로부터 목회자직을 정지당한 상태였다.

그러나 조지 휘트필드의 설교를 듣기 위하여 모여드는 일에는 아무런 구별이 없었고, 또 구별할 수도 없었다. 그만큼 그의 설교는 많은 사람들의 영적인 갈급함을 채워주었다.

그의 집회에는 평균 1만 5천 명이 모였으며, 그들을 향해 조지 휘트필드도 뜨거운 설교를 쏟아냈다. 시간마다 혼신의 힘을 다하여 설교를 했다. 그래서 그가 설교를 마치고 내려올 때면 사람들은 그의 손을 잡으며 감격스러운 말을 했다.

"나는 오늘부터 당신의 친구가 되기로 작정했습니다."

"내 인생 전부를 하나님께 바치기로 결심했어요."

"정말 당신의 설교는 훌륭해요."

어떤 노인은 이렇게 말하기도 했다.

"신부님, 난 퀘이커 교도지만 정말 당신이 내 맘에 쏙 듭니다. 만약 당신이 내 모자를 두고서 시비만 걸지 않으면 나도 당신이 입은 옷을 두고서 싸움을 걸지 않을 테니 안심하십시오."

자기가 퀘이커 교도라는 사실로 시비만 하지 않으면 자기도 휘트 필드의 교파 따위는 묻지 않겠다는 말의 은유적인 표현이었다.

그런데 그 즈음해서 그를 초청했던 어스킨 형제가 그에게 함께 연합장로회를 결성하자고 손을 내밀어왔다. 그러나 휘트필드는 그 제안을 거절했다. 왜냐하면 그들은 휘트필드가 연합장로회 안에서만 활동해주기를 바랐기 때문이다. 휘트필드는 교파를 떠나서 오직 복음만 전하기를 원했다. 그래서 그는 어스킨 형제와 결별한 후에도 스코틀랜드 사역을 이어나갔다.

에든버러에서 3주 동안 집회를 한 후에 다른 지방으로 돌며 집회를 하기 시작했다. 그 후 3개월 동안 휘트필드는 폴커크, 스털링, 쿠파 앵거스, 글래스고, 애버딘 등에서도 감동적인 설교를 했다.

이때 조지 휘트필드의 설교를 듣고 감동을 받은 사람들 가운데는 지위가 높은 사람들도 꽤 있었다. 예를 들어 레븐 경은 경찰국장이자 동시에 국왕이 파견한 국교회 총회의 대표였는데, 조지 휘트필드의 설교를 듣고 나서야 비로소 거듭나는 체험을 했다.

휘트필드가 다시 에든버러로 돌아왔을 때 그를 개별적으로 찾아온 사람도 있었다. 한눈에도 높은 지위를 가진 사람으로 보인 그는 예정없이 휘트필드를 방문했다.

"휘트필드 신부님, 몹시 피곤하실 텐데 불쑥 찾아와서 죄송합니다."

"천만에요. 영혼을 돌보는 일이 제게 맡겨진 일이니 괜찮습니다."

"나는 지금 영적으로 몹시 주려 있는 상태입니다. 그래서 신부님의 좋은 말씀을 듣고 싶습니다."

휘트필드는 그의 얼굴을 바라보았다. 어두워보였다.

"당신의 얼굴을 보니 마음 상태를 알 것 같습니다. 많은 고민과 갈등 때문에 힘드십니까?"

"네. 내 마음과 사람들의 이목을 다 만족시키려니, 참으로 힘들군요."

"지금껏 쌓아온 지위와 권력과 명예와 올바른 믿음생활 사이에서 갈등하십니까? 혹시 종교 생활 때문에 따돌림을 받거나 지금껏 모은 것을 잃어버리지는 않을까 걱정하는 것입니까?"

"예, 신부님. 제 마음이 딱 그렇습니다."

"예수 보혈의 힘을 믿으십시오. 이 힘은 너무나 강하여 어떤 영혼이든 기어코 정복하고 맙니다. 그분은 죽음을 이기고 부활하셨습니다. 전능하신 분입니다. 그러니 그분 안에서 평화를 누리십시오."

"내게서도 그런 일이 가능할까요?"

"성령께서는 지금 당신을 향하여 이렇게 말씀하고 계십니다. '사랑하는 나의 아들아, 무엇을 주저하고 있느냐. 지금 네 마음을 열어라. 헛된 우상에게 네 마음을 빼앗기지 말고 너의 중심에 나를 모셔라' 하고 말입니다. 그러니 지체하지 말고 지금 당신의 마음을 주님께 드리십시오. 그러면 당신 안에서도 놀라운 변화가 일어날 것입니다."

"…정말 그럴까요?"

"네. 저는 확신합니다. 그러니 용기를 내십시오. 주님은 당신을 위하여 십자가에 달려 죽으셨습니다. 주님이 그렇게 당신을 사랑하시는데 세상에서 무엇을 두려워하겠습니까."

"휘트필드 신부님, 이제야 제 마음에 평안이 오는 것 같습니다. 제 중심에 주님을 모시고 살겠습니다. 감사합니다. 정말 감사할 뿐입니다."

그는 그날 마음에 큰 기쁨과 평안을 안고 돌아갔다.

그러나 스코틀랜드에서 국교회가 그에게 호의적이라고 해서 항상 환영받은 것은 아니었다. 완고한 국교회 지도자들은 휘트필드를 이렇게 비난했다.

"조지 휘트필드는 우리 국교회에서 이미 내쫓은 인물 아닌가."

"그런데 그가 여기 와서 세력을 넓히고 있다니…."

"그저 보고만 있어선 안 돼. 화근은 미리미리 제거해버려야지."

그러면서 조지 휘트필드는 가는 곳마다 미움과 비난을 받고 있으므로 경계하라며 사람들에게 중상모략을 하기 시작했다.

또 그의 행적을 가지고 비난하는 성도들도 있었다.

"뭐, 돈을 모아 고아들을 살린다고?"

"예전에 그가 사방에서 모은 엄청난 돈을 모두 혼자 챙겼다던데 뭘."

"사람들을 속이고 돈을 긁어모으겠다는 수작이지, 뭐."

휘트필드도 국교회 성직자들과 일반 성도들 사이에 퍼져 있는 비방과 중상을 들었다. 그렇더라도 오해를 해명하기보다는 오직 설교에만 전념했다. 조지 휘트필드의 이런 태도 때문에 오히려 그를 더 높이 평가하는 사람들도 생겨났다.

스코틀랜드 국교회의 탁월한 지도자 가운데 하나였던 존 윌리슨 신부는 처음에는 휘트필드를 반대했다.

"조지 휘트필드는 사람들의 영혼을 약탈하는 자이다."

이런 거센 비판을 일삼았던 그가 어느 날엔가는 태도를 완전히 바꾸어 오히려 휘트필드에게 찬사를 보내며, 사람들에게 그의 집회에 참석하도록 권했다.

"조지 휘트필드야말로 하나님께서 친히 세우신 시대적인 복음 사역자이다."

스코틀랜드에서의 사역을 마친 조지 휘트필드는 곧바로 영국으로 가지 않고 웨일즈로 갔다. 얼마 전에 하웰 해리스로부터 편지를 받았기 때문이다.

> 나는 당신에게 훌륭한 배우자가 될 만한 사람을 소개하고 싶습니다. 언젠가는 결혼해야 한다면 지금 기회가 주어졌을 때 좋은 상대를 만나는 일도 중요하다고 생각합니다. 그러니 바쁜 중에라도 꼭 시간을 내어 한번 찾아주기 바랍니다.

조지 휘트필드는 이 편지를 받고는 한참 동안 망설였다. 엘리자베스 델라모트와의 일이 다시 떠올랐기 때문이다. 일방적으로 실연을 당했던 상처가 아직 아물지 않았는지 이 편지를 받자 우울한 감정이 되살아났다.

'만약 그녀에게서 당했던 거절의 아픔을 다른 사람에게서 또 다시 당한다면 아마 난 견딜 수 없을 거야. 그렇게 되면 두 번 다시 회복하기 어렵겠지…. 하지만 하웰 해리스는 믿을 만한 사람이야. 그리고 결혼을 마냥 미룰 수도 없고. 어떻게 하는 게 좋을까?'

그는 고민 끝에 하웰 해리스의 말대로 한번 만나보는 게 좋겠다고 생각하고, 웨일즈로 향했다. 하웰 해리스가 소개하려던 사람은 엘리자베스 제임스라는 과부였다. 휘트필드보다 나이가 열 살 많았고 낸시라는 딸도 있었다. 그러나 그녀는 열정적으로 복음을 따랐고, 하웰 해리스의 사역에도 큰 도움을 주었다.

조지 휘트필드가 웨일즈에 도착하자 하웰 해리스는 곧바로 엘리자베스 제임스를 불렀다. 세 사람이 자리를 잡고 앉은 후, 해리스는 두 사람이 좋은 관계로 발전되기를 바라면서 두 사람을 서로에게 소개해주었다.

"이분은 조지 휘트필드 신부님입니다. 세계적인 명성을 떨치고 있는 전도자이며, 나와는 일찍부터 깊은 교제를 나누는 동역자이지요."

엘리자베스 제임스가 반갑고 친절하게 대답했다.

"그렇군요. 만나게 되어 참으로 기쁩니다."

그리고 이어서 엘리자베스를 소개했다.

"그리고 이 부인 역시 나의 좋은 동역자이자 친구인 엘리자베스 제임스입니다."

엘리자베스는 수줍은 미소로 답을 대신했다.

이야기만 듣고 실제로 제임스 부인을 만나기 전까지는 휘트필드는 약간 불안한 마음을 가지고 있었다. 거절의 상처가 가시지 않은 상태에서 나이도 많은 과부를 소개받으려니, 마음이 그렇게 편하지 않았던 것이다. 그러나 막상 만나보니 모든 외적인 조건을 누를 수 있을 만큼 엘리자베스에게 호감이 갔다.

해리스의 노력으로 얼마 후 조지 휘트필드와 엘리자베스 제임스는 결혼하여 가정을 꾸렸다. 그리고 런던에서 셋집을 얻어 세 식구가 함께 살았다. 비록 가난한 생활이었지만 두 사람의 결혼은 별다른 문제 없이 평온하게 흘러갔다.

캠버슬랭의 부흥운동

그들의 결혼 생활은 행복했지만 여전히 가난에 시달려야 했다. 고아원을 세우는 데는 무척 많은 돈이 들어갔다. 휘트필드가 고아원 설립 자금 모집을 위해 많은 집회를 했지만, 그럼에도 불구하고 그의 이름으로 많은 빚을 지고 있었다. 그런데도 그가 고아원을 명목으로 모은 돈을 개인을 위해 썼다면서 공공연하게 비난하는 사람들이 있었다.

그들이 결혼하고 3년 후에는 '존'이라는 아들도 낳았다. 아기의 탄생은 가정의 큰 기쁨과 활기를 가져다주었다. 그와 동시에 그들은 경제적으로 더 큰 어려움에 빠졌다. 추운 겨울을 지낼 수 있는 난방비조차 없었다.

조지 휘트필드는 아내 엘리자베스와 앞으로 어떻게 해야 할지 이야기를 나누었다.

"아무래도 당분간 런던을 떠나 있어야겠다는 생각이 듭니다."

"그렇지요? 이곳의 겨울은 매우 춥고 혹독하니까요."

"그래서 당분간 당신의 고향인 웨일즈에 가서 머무는 건 어떨까 싶네요."

"당신이 그렇게 생각한다면 그 결정에 따를게요."

추위가 기승을 부리는 때였지만 휘트필드 부부는 대충 이삿짐을 정리하여 웨일즈를 향해 떠났다. 난방도 되지 않는 마차를 타고, 그것도 얼어붙은 울퉁불퉁한 길을 따라 먼 길을 여행한다는 것은 여간 힘들고 어려운 일이 아니다. 이 초라한 일행을 보면서 그들이 세계적 전도자인 조지 휘트필드의 가족이라고 생각하는 이는 없었을 것이다.

그들은 웨일즈로 가는 길에 글로스터에 들러 며칠 묵어가기로 했다. 어린 낸시와 존을 데리고 긴 여행을 하다보니 모두 추위와 피곤으로 지쳐 있었기 때문이다. 마침 글로스터는 웨일즈로 가는 길목에 있었고 휘트필드의 고향이기도 했다. 그는 고향에 들러 오랜만에 따뜻하고 편안한 휴식을 취할 수 있을 것 같았다.

그러나 그곳에서 휘트필드 부부는 큰 아픔을 겪어야 했다. 사랑하는 아들 존이 글로스터에서 숨을 거두었기 때문이다. 갓난아기였던 존은 오랜 여행으로 몸도 약해진 데다 추위에 시달린 끝에 병이 났다. 그 당시 휘트필드의 형이 벨 여인숙을 물려받아 운영하고 있었는데, 휘트필드 가족이 그곳에 도착한 날부터 존은 열이 나기 시작했다. 그러더니 손쓸 겨를도 없이 세상을 떠나버렸다.

조지 휘트필드는 이때의 슬픔을 훗날 이렇게 말했다.

나는 아내와 함께 무릎을 꿇고 기도하면서 얼마나 많은 눈물을 흘렸는지 모른다. 그 아이는 그 당시 어려움 가운데 있던 우리에게 큰 삶의 용기와 힘을 주었다. 그 아이의 죽음은 순간적으로 삶의 의지를 빼앗아버릴 만큼 큰 충격이었다.

내가 태어난 방에서 세상을 떠난 나의 아들은, 내가 세례를 받고 처음으로 성찬을 받고 처음으로 설교까지 했던 교회에서 장례식을 치렀다. 이때 나는 선지자 엘리사가 '네 아이가 평안하냐' 하고 묻자 벌써 죽은 아이를 두고서 수넴 여인이 '평안하다' 고 대답했다는 열왕기의 말씀에 큰 위로를 받았다.

며칠 후 조지 휘트필드 부부는 글로스터 사람들의 위로를 받으며, 약간의 헌 가구들을 마차에 싣고서 다시 웨일즈를 향하여 떠났다. 조지 휘트필드의 마음은 가난 때문에 사랑하는 아들을 잃었다는 안타까움과 자책으로 더욱 아팠다. 그의 이런 형편을 사람들이 알았더라면 그에게 고아원 기금을 가져다 썼다는 등의 악담은 못했을 것이다.

웨일즈에 자리를 잡은 조지 휘트필드는 1742년 6월에 다시 스코틀랜드로 향했다. 에든버러와 글래스고 등의 교회 지도자들이 다시 한 번 와서 집회를 해달라고 요청했기 때문이다.

신부님이 작년 이곳 스코틀랜드에 와서 개최한 집회의 성과는 정말 대단했습니다. 당신의 설교를 듣고서 놀라운 변화를 체험하지 않은 사람이 없을 정도니까요.

그런데 신부님이 떠나고 난 후에 뜻밖의 일이 일어났습니다. 몇몇 사람들이 당신은 건전한 지도자가 아니라느니, 당신의 설교는 성경에서 빗나갔다느니, 당신은 사람들을 광신자로 만든다느니 하는 비난의 말을 했습니다. 이런 말들은 금세 성도들 사이에 퍼져나가 혼동을 일으켰습니다. 이후에 당신을 반대하는 국교회 지도자들이 의도적으로 퍼뜨린 소문이란 것이 밝혀지긴 했습니다. 그래서 저희는 신부님이 다시 이곳에 와서 다시 한 번 집회를 통해 성도들의 오해를 풀고 그들의 온전한 믿음을 세워주셨으면 합니다. 신부님의 설교로 온 성도들이 힘을 얻고 위로를 받을 수 있기를 바랍니다.

이 편지를 받고 조지 휘트필드는 서둘러 스코틀랜드로 갔다. 스코틀랜드에서 첫 번째 집회를 마치고 돌아온 후 7개월 만의 일이다. 이번에는 연안을 따라 배를 타고 가는 방법을 선택했다. 그리고 아내와도 동행했다.

두 사람은 출렁이는 물결을 바라다보면서 이야기를 나누었다.

"여보."

그는 자기를 다정하게 부르는 아내를 그윽한 눈길로 바라보았다.

"왜요?"

"복음을 전하는데 왜 자꾸 사람들 사이에서는 엉뚱한 일이 일어날까요?"

"그런 일에 대해 의문이 들기도 하지만, 알고보면 그게 당연한 결과이기도 하지요."

"당연한 결과라니요?"

"예수님께서도 말씀하시지 않았습니까. 농부가 천국의 좋은 씨를 자기 밭에 뿌린 후에 그가 자는 사이에 원수가 와서 가라지를 덧뿌렸다고 말입니다. 이 말씀에 비추어보면, 복음이 전해지는 곳에서 왜 그런 폐단이 일어나는지 알 만하지 않습니까."

"그러니까 복음이 전해질수록 사탄의 권세도 더 기승을 부린다는 말이군요."

"그렇지요."

두 사람은 아무 말도 하지 않고 바다를 바라보았다. 고난의 삶을 받아들이고 순응하겠다는 의지의 표현이었다.

조지 휘트필드는 스코틀랜드에 도착하여 에든버러와 글래스고 등지를 차례로 방문하면서 전도 집회를 열었다. 에든버러에 도착해서는 광장과 다름없는 고아원 공원에서 하루에 두 차례씩 설교를 하고 저녁 시간에는 성경 강해를 했다. 그가 성경 강해를 한 것은 성도들에게 성경 지식을 바르게 가르쳐주려는 목적에서였지만 자신의 설교가 성경에서 빗나갔다는 반대자들의 오해를 풀기 위한 일이기도 했다.

글래스고에서는 청중의 열기가 더욱 대단했다. 집회 때면 항상 2만 명이 훨씬 넘는 사람들이 모여들었다. 휘트필드는 그곳에 머무는 동안 어스킨 형제에게 편지를 보내기도 했다. 연합장로회에 함께하자는 제안을 거절한 후, 그들은 휘트필드를 비난하고 적대시하며 원색적인 비방을 해왔기 때문이다. 그런 어스킨 형제에게도 휘트필드는 마음과 정성을 담아 편지를 보냈다.

나는 당신네 형제들이야말로 진정한 하나님의 사역자라고 믿고 있습니다. 그래서 언제나 존경과 함께 남다른 열심에 대하여 찬사를 보냈습니다. 물론 최근에 두 분이 나를 비난하는 편에 가담하였다는 말을 전해들었지만 나는 조금도 마음이 불편하지는 않습니다. 왜냐하면 우리가 서로 눈을 마주보고 진심을 알게 될 날이 멀지 않았기 때문입니다. 나는 지금도 여전히 두 분을 위하여 눈물을 흘리며 기도하고 있습니다. 내가 당신들의 설교를 들으면서 감격하고 또 당신들이 내 설교를 들으면서 감격하는, 전과 같은 날이 하루빨리 오기를 기대합니다.

이번 전도 여행에서는 캠버슬랭에서 가장 뜨거웠다. 조지 휘트필드가 캠버슬랭에 도착한 첫날부터 그 열기는 뜨거웠다. 자연적으로 만들어진 넓은 야외 경기장에서 집회를 열었는데, 사람들이 얼마나 많이 모여들었던지 몸을 움직이기조차 어려울 정도였다.

이렇듯 엄청난 수의 사람들이 몰려든 데다 휘트필드의 설교 역시 힘차고 열정적이어서 사람들의 마음을 뒤흔들어 놓아, 집회는 그야말로 최고조에 이르렀다.

"사랑하는 형제자매 여러분, 성령은 여러분의 마음속 깊이 박혀 있는 죄악의 세력과 그 뿌리를 절대로 그냥 놔두지 않습니다. 왜냐

하면 인간에게 죄가 있는 한 하나님은 사랑하는 여러분과 교제를 나눌 수 없기 때문입니다. 그러나 누구든지 마음을 열기만 하면 성령께서는 그 사람 안에서 엄청난 역사를 시작하십니다. 우리에게 가슴을 치고 통회 자복하는 마음을 주시며, 모든 죄악들을 다 토설하게 하십니다. 이런 과정을 통해 우리는 거듭나며 하나님과의 영원한 교제에 들어서게 됩니다."

사람들은 휘트필드의 설교에 귀를 기울었다. 그는 말을 이었다.

"갓난아이가 모태에서 태어날 때에도 엄청난 진통을 겪듯이 성령을 통하여 거듭나는 일에도 그만한 진통이 있습니다. 죄에 대한 진통과 아픔이지요. 이렇게 거듭남을 강조하고 성령의 뜨거운 역사를 설교하고 체험하게 하는 것을 오해하여, 어떤 사람들을 나의 설교가 성도들을 광신자로 만들고 있다는 비난을 합니다만 그것은 틀린 말입니다. 나는 오늘 여러분에게 다시 한 번 말씀드립니다. 성령께서는 여러분 한 사람 한 사람이 모두 자신의 죄들을 다 토설하고 하나님의 자녀로 거듭 태어나기를 바라십니다. 그러니 여러분 모두, 아무도 거듭나는 감격을 체험하지 못한 채 이 자리를 떠나지 마시기 바랍니다. 자, 이제 마음을 활짝 열고 자신을 성령께 맡기십시오. 오 주님, 우리를 사로잡아주소서!"

그러자 그곳은 울먹이면서 소리 내어 죄를 고백하는 소리로 가득했다. 설교자의 말대로 거듭나는 체험 없이는 그 자리를 떠나지 않겠다는 갈망으로 모두가 입을 모아 하나님께 부르짖기 시작했다.

"오, 하나님. 나를 살려주소서."

"죄 많은 나를 불쌍히 여기소서."

"주님의 피로 나를 씻어주소서."

"이제는 온전히 당신의 자녀가 되게 하소서."

조지 휘트필드는 이때의 일을 후에 이렇게 들려주었다.

> 이런 엄청난 진동과 함성은 마치 전쟁터의 모습과도 같았다. 그런 진동과 함성이 집회를 마치고도 이날 밤 11시까지 그치지 않고 계속되었으니, 그 열기는 참으로 대단한 것이었다.
>
> 나의 설교가 진행되는 동안만 해도 수많은 사람들이 깊은 영적 회심에 잠겨 가슴을 치면서 눈물을 흘렸으며 통회의 감정을 이기지 못하여 울부짖었다.
>
> 그때 사람들은 새벽 1시가 되어서도 자리를 떠날 줄을 몰랐다. 그들은 주변 사람들의 권유에도 불구하고 그곳을 떠나지 않았다. 새벽이 되기까지도 귀부인들과 숙녀들이 한데 어울려 찬양했다니 참으로 놀라운 일이다.

이런 열기의 집회는 그 후로도 며칠 동안 계속 되었다. 그래서 사람들은 조지 휘트필드 하면 캠버슬랭 집회를 최고로 손꼽았다.

감리교 조직

캠버슬랭에서의 집회를 마친 후
조지 휘트필드는 다른 지역들을 방문하며 계속해서 집회를 열었다.
그리고 한 달쯤 지나서 그는 다시 캠버슬랭으로 갔다. 그 지방의 교
회 지도자들에게 청탁을 받았기 때문이다.

> 이번 기회에 이곳 캠버슬랭에 살고 있는 성도들은 당신이 베푸는
> 성찬 예식에 참여하고 싶어합니다. 그러니 서둘러 오시기를 부탁
> 드립니다.

조지 휘트필드가 캠버슬랭으로 다시 돌아오자 이 지방에 살고 있
는 성도들은 말할 것도 없고 스코틀랜드 각처에 살고 있는 성도들까
지도 그의 설교를 듣기 위하여 모여들었다. 첫 번째 집회부터 3만

162

명이 넘게 모였다.

휘트필드뿐 아니라 다른 성직자들도 참여하여 공동으로 설교했기 때문에 집회는 하루 종일 진행되었다. 성찬 예식은 해질 무렵에야 행해졌는데, 그 많은 성도들에게 빠짐없이 떡을 떼어 먹여주는 광경은 참으로 놀라운 것이었다. 설교를 들을 때와 마찬가지로 성찬 예식을 할 때에도 사람들은 천국의 기쁨을 누렸다.

"이 죄인을 위해 주님의 살과 피를 주시다니!"

"우리의 마음 문을 여니 주님이여 들어오소서."

"오, 이 살과 피를 기억하며 주님을 섬기게 하소서."

곳곳에서 이런 외침들이 쉴 사이 없이 터져나왔다. 물론 신자들에게 직접 떡을 떼어 나누어주는 일은 이 지방 신부들이 나서서 도왔지만 이렇게 성찬 예식이 감동스럽게 진행된 데에는 조지 휘트필드의 영향이 컸다고 할 수 있었다.

이날 성찬 예식은 엄숙하고 고요한 가운데 참회의 눈물을 흘리며 주님의 고귀한 사랑에 감격하는 분위기였다. 그곳에 모인 사람들은 주님의 사랑과 기쁨이 충만하여 서로 포용하며 감격의 기쁨을 나누었다.

조지 휘트필드의 설교는 대개 그리스도인의 삶을 주제로 다루었다. 성도의 온전한 삶과 거듭남의 체험, 말씀에 근거한 전반적인 성도의 생활 등 건전하고 지극히 성경적인 것들이었다.

그럼에도 불구하고 그를 적대시하는 자들의 눈에는 그가 여전히 물의를 일으키는 이단자로 보였다. 조지 휘트필드에 대해 편견과 선입견을 가진 자들은 그들의 생각을 바꾸지 않고 조지 휘트필드의 약점과 잘못들을 들추어내는 일에 급급했다.

게다가 조지 휘트필드가 스코틀랜드에서 첫 번째 집회에서 성공한 후 이어서 집회가 계속 성공하자 반대자들의 적대감은 극에 달했다.

"그는 교회 밖에 있는 자로서 감히 성찬식을 주도한 이단자이다."

"조지 휘트필드는 국교회를 대적하는 추악한 우상숭배자이다."

"그는 적그리스도의 앞잡이일 뿐 아니라 잔인한 야수이다."

그들은 이런 원색적인 욕설들을 거리낌없이 내뱉었고, 심지어는 확실하지도 않은 말을 근거로 하여 팸플릿을 만들어 유포하기까지 했다.

'조지 휘트필드가 신대륙에 건너가서 설친 결과로 거기에선 급속도로 광신적인 작태가 만연하며, 사람들은 결국 정신병자들처럼 되어버렸다. 그러므로 우리가 그를 막지 않으면 이곳 스코틀랜드 역시 그런 미치광이들이 설치고 다닐 것이다.'

이런 내용의 팸플릿도 있었다.

'그가 신대륙에다 고아원을 설립하고 있다는 것은 거짓말이다. 그는 사람들의 주머니에서 돈을 끌어모으기 위해 그런 말을 공공연히 퍼뜨리고 다닌다. 그러므로 이후로는 그의 거짓말에 절대로 넘어가서는 안 된다.'

휘트필드의 동료와 친구들은 이런 사실을 그에게 알려왔다.

"휘트필드 신부님, 지금 반대자들이 극성을 부리고 있습니다."

"입에 담을 수 없는 욕설은 말할 것 없고, 사실이 아닌 내용들을 가지고 팸플릿까지 만들어 퍼뜨리고 있습니다. 자, 이걸 보십시오."

휘트필드는 팸플릿을 받아 읽어보고는 이렇게 대답했다.

"너무 흥분하지들 마십시오. 이런 일들은 도리어 나의 일을 돕기도 하는 것이니까요. 살아 계신 하나님께서 보고 계시니 걱정하지 마십시오. 진실은 반드시 드러날 것입니다."

"그들이 신부님을 돕는다니, 그건 무슨 뜻입니까?"

"악한 사람들이 그리스도를 십자가에 매달았지만, 그분은 그런 참혹한 일을 통하여 오히려 우리를 구원하셨습니다. 그러니 이 모든 거시 하나님께서 주신 연단이라 생각하고 인내합시다."

"…!"

반대자들의 극성은 오히려 성도들이 반감을 샀다. 그래서 휘트필드의 말대로 오히려 그의 사역에 유리한 쪽으로 작용했다. 하나님의 뜻을 우선하고 믿으며 오직 인내로 때를 기다리고 진리를 추구하는 휘트필드는 항상 모든 반대와 다툼을 그렇게 해결해나갔다.

스코틀랜드 집회를 마치고 휘트필드는 다시 런던으로 돌아왔다. 전도 집회를 계속하는 한편 이때부터는 공동체를 결성하고 조직화하는 일을 시작했다. 그리고 이때의 일은 이 땅에 감리회를 탄생시키는 역사적인 일이 되었다.

대부분 사람들은 감리교회의 창시자를 존 웨슬리라고 생각한다. 하시만 역사적으로 감리교회로 발전하게 되는 모체가 되는 공동체를 최초로 결성한 사람은 존 웨슬리가 아니라 조지 휘트필드였다.

이런 일에 대해선 존 웨슬리에 대한 권위 있는 연구가인 루크 티어맨이 밝힌 바 있다.

> 우리는 조지 휘트필드가 존 웨슬리보다 18개월이나 앞서 감리교회의 모체가 되는 공동체를 결성했다는 사실에 주목하지 않으면 안 된다.

물론 조지 휘트필드가 결성한 공동체는 처음부터 칼빈주의적 경향을 띠고 있었고, 훗날 존 웨슬리가 만든 공동체는 자연스럽게 알비니아적인 경향을 띠고 있었다. 이렇게 서로 다른 공동체의 색깔은 이후 두 사람이 다시 화해할 때까지 계속되었다.

조지 휘트필드는 1748년경에 존 웨슬리와 화해한 후 공동체의 지도자 자리에서 조용히 물러났다. 그가 비록 자리에서 물러나긴 했지만 이와 상관없이 그를 인격적으로 추종하는 사람들이 더욱 많아져서, 도리어 정신적 지도자로서의 자리를 더욱 확고하게 굳히는 결과를 만들었다. 이제까지 줄곧 웨슬리편만 들면서 그를 적대시하던 한 저명인사까지도 그들의 화해 후에 다음과 같은 찬사를 보낼 정도였다.

'조지 휘트필드 씨는 비록 지도자의 자리를 양보하고 물러났지만, 이런 일을 통해 그는 더욱 존경을 받게 되었다. 그리스도의 낮아지는 겸손을 사람들 앞에서 직접 실천함으로 보여주었기 때문이다. 그가 물러난 후에 오히려 그의 추종자가 갑절로 많아져서 수십만 명을 헤아리게 된 것은, 알고보면 결코 놀랄 일이 아니었다.'

스코틀랜드에서 다시 런던으로 돌아온 조지 휘트필드는 어느 날 가까운 협력자와 더불어 공동체 구성에 대한 이야기를 나누었다.

"이제부터 우리가 해야 할 아주 중요한 과제가 하나 있습니다."

"무엇입니까?"

"예수님은 전도하는 일을 어부가 물고기를 잡는 일에 비유하셨습니다. 그런데 고기를 많이 잡는 일도 중요하지만 잡은 고기들을 담아 보관할 그릇도 필요하지 않습니까?"

"아, 그렇군요. 무슨 말씀인지 알겠습니다."

"사실 우리는 그동안 각처에 다니면서 많은 사람들에게 복음을 전했고, 또 많은 회심자를 얻었습니다. 하지만 그 후에 이들을 양육하고 관리할 단체나 기구는 전혀 없었습니다."

"예, 그렇지요."

"그래서 비록 늦었지만 이제라도 우리 손으로 공동체를 만들어야 겠다는 생각이 듭니다."

"참으로 좋은 생각입니다."

조지 휘트필드는 곧 공동체를 조직하는 일에 착수했다. 이 일은 직접 말씀을 전파하는 일과는 또 다른 방법의 전도 사업이었다.

그는 우선 공동체운동의 중심지를 무어필드에 있는 '장막' 건물로 정했다. 이 건물에는 3천 명이 넘는 숫자의 신자들이 정기적으로 모여 예배를 드리고 있었기 때문에, 공동체운동의 핵심체가 이미 형성된 셈이었다. 1742년 9월의 일이다.

이 무렵 그는 웨일즈에서 일하고 있는 해리스에게 이런 편지를 써서 보냈다.

산에 아무렇게나 굴러다니는 돌들도 잘 다듬어 정교하게 쌓으면 아름다운 성전이 되듯이 나도 이제부터 그런 성전을 지어보고자 합니다. 위대한 건축자이신 하나님께서 좋은 지혜를 주시기를 기도드리고 있습니다.

해리스는 다음과 같은 답장을 보내왔다.

사람이 하지 못하는 일을 하나님은 능히 해내십니다. 이번에도 하나님께서는 신부님을 통해 큰일을 행하실 것입니다.

조지 휘트필드가 세운 장막 외에도 조지 휘트필드의 영향 아래 자연스럽게 형성된 공동체의 원형들이 여러 지역에 있었다. 이렇듯 분위기와 조건이 이미 마련되어 있었기 때문에 휘트필드는 손쉽게 구체적인 공동체를 조직할 수 있었다.

조지 휘트필드는 맨 먼저 장막 건물을 중심으로 한 런던 공동체를 세운 후, 이어 브리스틀과 글로스터 등에도 똑같은 성격의 공동체를 결성했다. 그리고 이런 조직 활동은 그 후로도 꾸준히 전개되어 1743년 말쯤에는 60여 곳에 공동체가 세워졌다.

휘트필드는 이들 공동체가 각각 설교자들을 따로 세워서 활동하도록 만들었다. 이들 설교자들 가운데는 설교 사역만 전담하는 사람들도 있었지만 대부분은 자기 생업에 종사하면서 매 주마다 몇 차례씩 설교하는 봉사자들이었다.

존 케닉을 비롯하여 존 크룸, 앤드류 킨즈맨, 윌리엄 호그 등 네 사람은 조지 휘트필드의 사역에 가장 중요한 몫을 감당한 이들이다. 만약 이들 없었다면 조지 휘트필드는 공동체운동을 성취할 수 없었을 만큼 그들은 큰 역할을 했다. 그래서 사람들은 이들을 '휘트필드의 설교자들'이라고 불렀다. 또 이들은 말을 타고 여기저기 다녔기 때문에 얼마 후에는 '말을 타고 복음을 전하는 설교자들'이라고 불렀다.

조지 휘트필드는 이처럼 많은 공동체를 세우고 움직이자 어느새 사람들은 이 조직을 '휘트필드의 감리교 공동체'라고 부르기 시작했다. 그리고 이 조직의 설교자들을 일컬어 '감리교 설교자'라고 부르기기도 하였다.

훗날 존 웨슬리도 공동체를 조직하게 되는데, 그도 자신이 만든 공동체를 '감리교'라고 불렀다. 그래서 이때부터 어쩔 수 없이 '휘트필드의 감리교'와 '웨슬리의 감리교'가 같이 쓰이게 되었다. 이들이 똑같이 자신의 공동체에 감리교라는 이름을 붙인 데에는 이유가 있었다. 그들이 옥스퍼드 대학교를 다니며 함께 홀리 클럽 활동을 할 때, 그들의 엄격한 규칙 생활을 보고 사람들이 그들을 메서디스트(Methodist), 곧 감리교인이라고 부른 데서 공동체의 이름을 따왔기 때문이다.

조지 휘트필드의 공동체 조직에서 짚고 넘어가야 할 한 가지 문제가 있는데, 바로 국교회와의 관계였다. 그가 공동체운동을 통해 새로운 교단을 만든 것은, 그가 한 교단의 지도자가 되기 위해서가 아니었다. 그는 비록 자기가 결성한 공동체를 가리켜 감리교라 부르긴 했지만 독립된 하나의 교파로서가 아니라 끝까지 국교회 안에서 신앙쇄신운동의 역할을 감당하고자 했다. 물론 훗날에는 감리교가 국교회가 분리되어 새로운 교단이 되어버렸지만 휘트필드의 처음 의도는 그런 것이 아니었다.

한편 무어필드 지역에 장막을 짓고 정기적으로 펴내기 시작했던 〈주간 역사〉는 이 무렵에 이르러 감리교 설교자들과 이 공동체의 활동에 활기를 불어넣는 매개체가 되었다. 이들의 활동이 이 소식지로 말미암아 유기적으로 잘 연결되었기 때문이다.

감리교 공동체는 1년이면 네 차례씩 협회 모임을 했는데, 한곳에서 하지 않고 런던과 브리스틀, 글로스터 등 공동체가 세워진 곳에서 번갈아가면서 개최했다. 이 모임에서는 이제까지 활동해 온 각처의 공동체 상황이 보고되었으며, 조지 휘트필드의 권고도 있었다.

조지 휘트필드는 여러 가지 지시사항보다는 주로 사랑 어린 권면을 전달했다. 흔히 지도자라고 하면 강력한 리더십을 가지고 있을 것이라고 생각하게 마련이지만 조지 휘트필드는 그런 강한 면보다는 서로 사랑하자는 권면이 우선이었다.

폭도들의 만행

　　　　　조지 휘트필드는 자기가 결성한 공동체와 하웰 해리스가 웨일즈 지방에서 이끌고 있던 공동체를 연합하여 '칼빈주의 감리교인 협회'라고 이름지었다. 이 기구의 회장은 조지 휘트필드가 맡기로 하고, 그에게 무슨 일이 생겼을 때는 해리스가 그 직임을 대신하기로 했다. 이런 일은 감리교회 역사상 대단히 중요한 업적이 아닐 수 없었다.

　조지 휘트필드가 스코틀랜드에서 성공적인 집회를 개최하는 동안 반대자들은 휘트필드의 집회를 막기 위해 별별 수단을 다 썼다. 그들은 휘트필드가 집회를 개최하는 곳이면 어디든 따라다니면서 난폭하고 무례한 짓을 서슴지 않고 하였다.

　그러다가 그가 정식으로 공동체를 결성하는 한편 이 공동체운동을 넓게 확대시켜 나가자 반대자들의 양상도 더욱 거세지기 시작했다. 이제는 비난뿐 아니라 노골적으로 폭력을 휘두르기까지 했다.

이런 폭력은 이전에도 있었다. 하웰 해리스의 집회에서 난동을 부렸으며, 휘트필드의 동역자였던 윌리엄 슈어드도 이곳에서 해리스를 돕다가 당한 폭력의 후유증으로 죽었다. 해리스 역시 몇 차례나 큰 폭력을 경험했다.

해리스의 경우, 이런 일도 있었다. 한 국교회 성직자가 길가에다 커다란 맥주통을 세워놓고는 사람들을 끌어모으기 시작했다.

"자, 누구든 와서 마음대로 마시세요. 공짜 맥주를 사양하는 바보는 없겠지요?"

길을 가던 사람들이 그 말에 솔깃하여 모여들기 시작했다. 그 성직자는 더 신나게 떠들었다.

"값은 염려하지 마시오. 그냥 마음껏 마시기만 하면 됩니다. 자, 차례대로 줄을 서시오!"

그는 줄을 선 사람들에게 맥주를 나누어주기 시작했다. 누구에게나 원하는 만큼 마구 퍼주었다.

"허허, 살다보니 이런 일도 있군."

"돈 한푼 안 내고 맥주를 마음껏 마시다니, 세상에 태어나서 이런 일은 처음이야."

"정말 꿈같은 일인걸."

맥주를 마신 사람들은 자연스럽게 이야기를 나누며 한데 모여 무리를 만들었다. 그들은 왜 공짜로 맥주를 주는지 그 이유도 상관없이, 그저 기분 좋게 마음껏 맥주를 마실 수 있다는 사실 하나만으로 기분이 좋았다. 모두들 주거니받거니 하며 거나해진 얼굴로 싱글벙

글이었다.

그런데 그 성직자가 술기운이 한참 달아오른 그들을 향해 뭐라고 귓속말을 하자 그들은 폭도로 돌변하더니, 그 길로 하웰 해리스의 거처로 달려갔다.

"해리스, 어서 나와!"

"이 지방 교구를 망친 놈!"

"어서 나와서 벌을 받아야지!"

그들은 해리스를 끌어내더니 곧장 멀지 않은 진흙구덩이로 끌고가서 처박은 다음 마구 걷어차기 시작했다. 그리고 욕설을 퍼부었다.

"네 목숨은 오늘로 끝이다!"

"이 녀석을 어서 죽여버려!"

"이단자는 이런 벌을 받아야 해!"

이날 해리스는 정신을 차릴 수 없을 만큼 두들겨 맞아 중상을 입었다. 국교회 신부들이 그런 간교한 방법으로 해리스에게 무참한 폭력을 가했던 것이다.

그 무렵에 존 케닉도 해리스처럼 거리에서 설교하다가 국교회에서 파견한 폭도들에게 몇 차례나 폭력을 당했다. 그가 스윈던에서 설교에 한창 열을 올리고 있을 때였다. 한 패거리의 사람들이 손에 몽둥이를 들고 나타나더니 다짜고짜 그를 둘러싸면서 끌어내리려 했다.

"어서 닥치지 못해?"

"입 다물지 않으면 당장 죽여버릴테다!"

그들의 난폭한 말에도 존 케닉은 눈썹 하나 까닥하지 않고 당당한 어조로 맞섰다.

"난 하나님의 전도자입니다. 그런데 왜 당신들은 내 입을 막으려 합니까?"

"이렇게 거리에서 개처럼 짖어대는 것이 전도자의 행세란 말이냐?"

"우리 주님도 날마다 거리에서 말씀을 전하지 않았습니까?"

"무슨 말이 이렇게 많아. 우리 영국 교회 안에는 너처럼 잘못된 설교를 하는 자는 없었어."

"영국 국교회가 어떤 비난의 말을 하더라도 나는 이 일을 계속 할 것입니다."

존 케닉의 말이 떨어지기가 무섭게 그 무리들은 존 케닉을 붙잡아 몽둥이, 작대기 등 손에 든 여러 무기로 그를 구타하기 시작했다.

폭도들은 거기서 끝내지 않고 그가 묵고 있던 로렌스 씨의 집으로 달려갔다. 돌을 집어들어 집의 유리창을 모조리 깨뜨리는가 하면 손에 잡히는 대로 가구까지 부숴버렸다. 심지어는 그 집의 가족 네 명에게까지 큰 상처를 입혔다.

"이 악당들아, 우리에게 무슨 잘못이 있다는 거냐?"

로렌스 씨 가족들은 갑작스러운 폭도들의 만행에 발을 구르며 항변했지만 그들은 조금도 양보하지 않았다.

케닉이 설교하고 있을 때, 푸줏간을 운영하는 사람이 양동이에 짐승 피를 가득 담아와서는 그에게 뿌린 일도 있었다. 존 케닉은 냄새나는 짐승 피를 뒤집어쓸 수밖에 없었다.

휘트필드의 공동체뿐 아니라 존 웨슬리도 폭력을 경험했다. 존 웨슬리는 자신이 당한 폭력을 다음과 같이 기록했다.

아무리 항변해봐도 소용이 없었다. 폭도들의 으르렁대는 소리는 마치 태풍을 만난 성난 파도처럼 나의 고막을 찢을 것만 같았다. 나는 오랫동안 그들의 손에 잡혀 마을 거리로 끌려다녔다. 그러던 중 어떤 큰 집 문이 열려 있는 것을 보고 안으로 뛰어들어가려고 했는데 폭도 중의 한 사람이 내 머리칼을 움켜잡았다. 그는 내 머리를 잡고 다시 길거리 한복판으로 나를 끌어냈다.

그런 중에도 나는 거리에서 구경하고 서 있는 마을 사람들을 향해 하나님의 말씀을 들려주려고 했지만 그때마다 폭도들은 입을 열지 못하도록 주먹을 휘둘렀다. 그들은 내가 입을 열려고만 하면 주먹질을 하면서 '집어 치워', '닥치지 않으면 죽인다'는 등의 살벌한 말들로 협박하곤 했다.

존 웨슬리의 동생인 찰스 웨슬리도 마찬가지였다. 그는 폭력을 당한 날의 일을 일기에 기록하였다.

설교할 말씀의 본문을 읽었을 때 한 패거리의 불량배가 난입했다. 그들은 거친 말로 처음엔 나를 죽이겠다고 협박하기 시작했다. 그러더니 이들은 곧 손에 몽둥이를 들고 휘둘러 교회 유리창을 모두 박살내고, 벽에 일렬로 세워진 촛대들을 부수고, 헌금함 등 여러 기물들을 닥치는 대로 파손시켰다.

나는 이들의 난동을 막을 수가 없어 그저 바라만 보고 있었지만 나의 마음의 눈은 그 시간에 줄곧 주님을 바라보았다. 그리고 이런 질문을 던지지 않을 수 없었다.

'주여, 어찌하여 주님의 성전 안에서 이런 일이 벌어질 수 있습니까?'

그들은 교회의 기물을 거의 다 부순 후에는 의자들을 뒤엎으며 여자들 노인들 할 것 없이 성도들을 밖으로 내몰기 시작했다. 그리고 말을 듣지 않는 사람들을 사정없이 짓밟았다. 그 집회는 취소될 수밖에 없었다.

이런 폭력 사례들은 조지 휘트필드가 아직 공동체운동을 벌이기 이전부터 각처에서 국교회가 자행한 일들이었다. 모라비아 교도들이 그들에게 당한 수난까지 더한다면 그런 종류의 폭력은 훨씬 더 많았다. 그러다가 조지 휘트필드가 각처에다 공동체를 조직하면서 그 영향력이 커지자 이제 그에게까지 폭력을 가하기 시작한 것이다.

휘트필드의 설교자들 가운데 가장 먼저 그들 폭력의 수난을 당한 사람은 햄턴에서 공동체를 이끌던 토머스 아담스 신부였다.

그는 공동체 예배를 인도하다가 무려 100명이 넘는 폭도들의 습격을 받았다. 워낙 갑자기 당한 일이어서 아담스 신부는 말할 것 없고 온 회중까지도 당황하여 어찌 할 바를 몰랐다. 그들은 예배 장소에 한꺼번에 몰려들어 야유를 퍼부으면서 예배를 방해하더니, 금세 단 위에까지 올라가 아담스 신부를 끌어내렸다.

"왜 이런 짓을 하는 겁니까?"

"이유는 간단해. 당신이 이단자이기 때문이지."

"어째서 내가 이단자란 말입니까?"

"당신 조지 휘트필드의 설교자잖아!"

그 무리들은 아담스 신부를 밖으로 끌어내어 근처에 있는 호수에 내동댕이치듯 집어던졌다. 그런 다음 아담스 신부가 물 밖으로 헤엄쳐 나오려고 하면 다시 발로 걷어차 빠뜨렸다. 그러면서 온갖 야유를 퍼부었다.

"뭐, 네가 설교자라고?"

"우리가 잘 들어줄 테니까 여기서도 한번 나팔을 불어봐."

한편 이들 패거리들은 성도들에게도 폭력을 휘둘렀다. 절름발이가 된 형제들도 여럿 있었고, 한 숙녀의 팔을 비틀어 부러뜨리기도 했다.

이런 횡포는 얼마 지나지 않아 조지 휘트필드에게도 가해졌다. 그가 엑서터에서 전도 활동을 하고 있을 때였다. 어느 날 한 패거리의 폭도들이 그의 집회 장소를 습격했다. 그들은 조지 휘트필드를 순식간에 잡아끌면서 다그쳤다.

"네가 휘트필드 신부냐?"

"그렇습니다."

"오늘 톡톡한 맛 좀 봐라."

"그게 무슨 말이오?"

그가 말을 마치기도 전에 그에게 바싹 다가서 있던 사람이 휘트필드의 양 발을 걸어 넘어뜨리더니 멱살을 잡고 주먹을 휘두르기 시작했다. 그러면서 폭언도 퍼부었다.

"어떠냐? 이게 바로 너를 기다렸던 톡톡한 맛이다."

"어디 여기 우리 앞에서도 큰 소리를 쳐봐. 국교회가 어떻게 잘못되었는지 말이야."

"이단자가 어떻게 남을 비난할 수 있지? 어서 대답해봐!"

그들은 조지 휘트필드가 정신을 차릴 수 없을 정도로 폭력과 폭언을 했다. 게다가 그들은 집회에 참석한 사람들에게도 폭력을 휘둘렀다. 이런 난동은 몇 시간 동안이나 계속되었는데, 이들은 사방을 휘젓고 다니면서 온갖 행패를 다 부렸다. 조지 휘트필드의 활동이 더 이상 커지지 못하도록 타격을 주려는 게 분명했다.

휘트필드와 그의 설교자들이 받는 폭력은 야만에 가까웠다. 여기저기에서 계속해서 폭도들의 습격을 받았다는 보고가 들어왔다. 휘트필드는 공동체에 속한 설교자들을 한자리에 모아서 대책을 의논하지 않을 수 없었다. 그들은 런던에 모여 의견을 나눴다.

"사랑하는 형제 여러분. 지금까지 저는 사랑과 인내와 용서로 적을 대해왔습니다. 그러나 최근 우리가 각처에서 겪고 있는 폭력은 그냥 넘길 수 없는 일이 아닙니다. 사람들은 두려움 때문에 집회에 오지 않고, 그로 말미암아 복음이 선포되지 못할 것입니다. 그러니 이런 폭력 사태에 대해 어떻게 대처할 것인지 함께 의논해봅시다."

여러 가지 방법이 거론되었는데, 결국 그들은 폭도들을 고소하는 쪽으로 방향을 잡았다.

"폭력으로는 폭력을 맞설 수 없으니, 법정에 호소할 수밖에 없습니다."

"강력한 법적 제동 없이는 폭력을 막을 길이 없다고 생각합니다."

그래서 조지 휘트필드는 햄턴에서 토머스 아담스 신부를 공격했던 폭도들과 엑서터에서 자기를 공격했던 이들을 법정에 고소했다.

이윽고 법정에서 재판이 열렸다. 먼저 검사가 공소장을 낭독했다. 폭도들이 햄턴과 엑서터에서 집회 장소를 습격한 일들이 차례로 열거되었다. 검사가 공소장을 다 낭독한 후 재판장을 향해 피고인들에게 엄중한 처벌을 가할 것을 요청하였다.

검사의 구형이 끝나자 다음에는 피고인, 곧 폭도측의 변호사 두 사람이 번갈아가면서 변호를 시작했다.

"현명하신 재판장님, 먼저 요즘 감리교도라고 불리는 자들이 광신자로 알려져 있다는 사실을 유념해주시기 바랍니다. 이들은 곳곳에서 수천 명, 때로는 수만 명씩 모여 소란을 피우기 때문에 주민들이 평안한 생활을 방해받고 있습니다. 그래서 피고인들은 어쩔 수 없이 주민들의 안녕을 위해 그런 행동에 나섰던 것입니다. 폭력 사태가 일어난 사실만 해도 그렇습니다. 감리교도들이 피고인들을 먼저 공격했기 때문에 피고인들은 방어적인 행동을 취했을 뿐입니다."

거짓 변론을 했다. 그러나 그곳에 참석한 다섯 명의 증인들의 증언 때문에 그들의 변론은 별로 효과를 거두지 못했다. 결국 원고측의 고소 사실을 모두 인정하는 판결이 내려졌다. 휘트필드의 공동체가 이 재판에서 승리한 것이다.

이렇게 하여 조지 휘트필드는 폭도들에게 그동안 당했던 손해에 대해 배상을 요구할 수 있었다. 무엇보다도 정신적인 고통은 배상으로도 다할 수 없을 만큼 엄청난 것이었다.

그러나 그는 법정에서 승리하여 그의 공동체가 영국 법원의 보호를 받고 있다는 사실을 영국 전역에 충분히 보여줬기 때문에, 배상을 요구하지도 않고 더 이상의 어떠한 조치도 취하지 않은 채 그들을 용서해주기로 했다.

공동체 안에서는 그들에게 더 강하게 대응하자는 사람들도 있었다.

"배상을 요구하는 일도 우리 공동체를 보호하는 차원에서 반드시 필요하지 않겠습니까?"

"물론 그럴 수도 있습니다. 하지만 원수도 사랑하라고 가르치신 주님의 말씀을 이런 때에 더욱 실천해야 하지 않겠습니까? 우리가 그들을 고소한 것은 복수를 하기 위해서가 아니라 앞으로의 폭력을 막자는 데 그 목적이 있었으니까요."

법정에서의 승리는 큰 의미가 있었다. 왜냐하면 이후로 국교회의 폭력이 완전히 사라진 것은 아니었지만 확실히 눈에 띄게 줄어들었기 때문이다.

조지 휘트필드는 폭도들의 횡포를 어느 정도 해결한 후에 다시 공동체운동에 적극적으로 나섰다. 그동안 장애물이 되었던 국교도들의 폭력을 비켜갈 수 있어서 공동체운동은 한동안 순조롭게 진행되어갔다.

다시 신대륙으로

그러던 도중 그는 신대륙에서
한 통의 편지를 받았다.

휘트필드 신부님이 영국으로 떠나신 후에 이곳 신대륙 각처에서
대각성운동이 일어났다는 사실은 그동안 소식들을 통하여 잘 알
고 계실 겁니다. 이런 운동이 일어난 것은 전적으로 신부님의 영향
에 의한 것이었습니다.

그런데 불행하게도 이런 대각성운동 기간에 여기저기에서 광신주
의 단체가 생겨나며 대각성운동과 비슷한 운동을 벌이고 있기 때
문에 수많은 선량한 신자들이 큰 혼란을 겪고 있습니다. 게다가 건
전한 복음적인 설교자들까지도 비난을 받게 되었습니다. 안타깝
게도 시일이 지날수록 이런 폐단이 더욱 깊어지고 있습니다.

그러니 휘트필드 신부님, 하루 빨리 이곳으로 돌아와주십시오. 우리는 신부님이 필요합니다.

조지 휘트필드는 그 편지를 받아서 읽고는 아내를 불렀다.

"여보."

"왜 그러세요?"

"당신도 이 편지를 한번 읽어봐요."

엘리자베스는 편지를 읽은 후 말했다.

"당신이 곧 신대륙으로 건너가야겠군요."

"아무래도 그래야 할 것 같습니다."

"그럼 이곳의 일은 어떻게 하려고요?"

"그것이 가장 큰 문제입니다. 누군가에게 이곳 영국에서의 일을 맡겨야 하는데, 마땅한 사람이 떠오르지 않는군요…."

휘트필드는 국교회의 폭력은 어느 정도 꺾어놓았기 때문에 당분간은 괜찮지만, 자신이 이곳을 떠나면 그들이 언제 다시 활개를 칠지 몰라 염려가 되었다. 게다가 각처에 세워진 공동체들을 이끌어가려면 강력한 지도자가 필요했다.

두 사람은 한참 동안 생각하다가, 엘리자베스가 먼저 입을 열었다.

"아무래도 이런 일을 맡길 만한 사람으로는 하웰 해리스 씨밖에 없다는 생각이 드는군요."

"나도 가장 먼저 그를 떠올렸습니다. 하지만…."

"왜요, 그에게 문제가 있나요?"

"아닙니다. 단지 지금까지 웨일즈에서만 일해왔기 때문에 런던을 비롯해 넓은 지역의 일을 도맡아 사역하기가 어려울 것 같다는 생각이 듭니다."

"해리스 씨 아니면 존 케닉뿐이지 않나요?"

"존 케닉은 설교자로서의 능력은 뛰어납니다. 하지만 공동체들 사이에서 일어나는 많은 문제들도 잘 해결할 수 있을지 걱정이 되는군요."

"그렇게 꼼꼼히 따진다면 일을 맡길 사람이 어디 있겠어요. 사람이란 누구나 장단점이 있게 마련이잖아요."

조지 휘트필드는 고민 끝에 존 케닉에게 영국의 공동체 활동을 전임하고 신대륙으로 건너갈 준비를 했다.

그는 모든 준비를 마친 후에 신대륙으로 건너가기 위해 아내와 함께 플리머스 항구로 갔다. 이때가 1744년 여름이었는데, 당시 영국과 프랑스 사이에서 전쟁이 일어나는 바람에 휘트필드 부부는 항구에서 발이 묶이고 말았다. 영국 해군의 보호가 없이는 대서양을 횡단하는 배가 떠날 수 없었기 때문이었다.

"언제쯤이나 떠날 수 있을까요?"

"글쎄요. 우선 여기서 기다릴 수밖에요."

그 후로도 6주나 계속 기다려야 했다. 조지 휘트필드는 그 틈을 이용해 그곳에서도 날마다 수천 명씩 모이는 야외 집회를 계속했다.

어느 날 밤, 어떤 사람이 숙소의 침실까지 그를 찾아왔다. 그가 막 옷을 갈아입고 잠자리에 들었을 때 여인숙 주인이 노크를 하며 그를 불렀다.

"휘트필드 신부님."

"예, 어쩐 일이십니까?"

"어떤 분이 면담을 하겠다고 찾아왔는데요."

"누구신가요?"

"누구라는 말은 하지 않았지만 사관 복장을 한 사람입니다."

"어쨌든 저를 찾아오신 손님이니 만나야지요. 들어오라고 하십시오."

늦은 밤, 그는 사관 복장의 낯선 손님과 마주앉았다.

"휘트필드 신부님 맞습니까?"

"예. 제가 휘트필드입니다. 그런데 무슨 일로 늦은 밤에 찾아오셨습니까?"

"평소에 신부님께 많은 관심을 가지고 있었습니다. 그래서 직접 한번 뵙고 싶어었지요."

"찾아주셔서 감사합니다. 저는 신대륙으로 떠나려고 여기까지 왔다가 그만 전쟁 때문에…."

조지 휘트필드가 이야기를 하는 도중에 낯선 방문객의 태도가 돌변했다.

"이단자, 잘 만났다. 어디 오늘 밤 내 손에 죽어봐라."

그는 험악한 욕설을 퍼부으면서 허리춤에서 예리한 칼을 빼들었다.

"앗, 사람 살려!"

조지 휘트필드의 입에서는 날카로운 외마디 비명소리가 터졌다. 바로 그때 방문이 열리더니 여인숙 주인이 번개처럼 뛰어들어 칼을 든 폭도의 손을 내리쳤다. 그는 칼을 떨어뜨린 후 당황하더니 곧장 자리를 박차고 도망치고 말았다.

"어휴, 신부님 큰일 날 뻔했습니다."

"정말 아찔했습니다."

조지 휘트필드는 백지장처럼 하얗게 질린 얼굴로 주인을 바라보았다.

"주인장 덕분에 제가 살았군요. 어떻게 그리 재빠르게 뛰어오셨습니까?"

"사실 밤중에 찾아든 방문객이라서 수상쩍어 문밖에서 이야기를 엿듣고 있었습니다."

"정말 감사합니다."

휘트필드 부인은 너무 놀라 오들오들 떨면서 아무 말도 하지 못했다. 암살자에게 목숨을 잃을 뻔했으나 아무도 다치지 않았으니, 참으로 다행한 일이었다.

조지 휘트필드가 아내와 함께 영국을 떠난 것은 그해 8월 7일이었다. 세 번째 신대륙 방문이었고, 영국으로 돌아와 일한 지 4년째 되던 해였다.

대서양을 횡단하는 동안 거의 쉴 사이 없이 폭풍우가 몰아쳐서 이번의 항해도 내내 하나님을 바라보지 않고는 견딜 수 없는 위험한 상황이 계속되었다. 그가 위험한 항해를 마치고 간신히 뉴햄프셔의 요크에 상륙한 것은 1744년 10월 하순경이었다. 이때 그의 나이 30세였다.

조지 휘트필드가 영국으로 떠난 후에 신대륙 안에서는 '대각성운동'이 일어났고 그것은 놀라운 영적 결실을 가져다주었다. 이때 그 운동을 주도한 사람은 조나단 에드워즈이며, 토머스 프린스와 조나단 파슨스 그리고 길버트 터넨트 등이 중요한 역할을 감당했다.

당시의 상황을 토머스 프린스는 이렇게 기록했다.

> 조지 휘트필드가 이곳을 떠난 후로 적어도 1년 반 이상은 신대륙의 모든 지역에서 문제 없이 대각성운동이 성공적으로 잘 진행되었다. 그리고 나는 이런 일을 돕기 위하여 〈더 크리스천 히스토리〉라는 주간 신문을 발행하여 널리 보급하기도 했다.

그러나 언제부턴가 이 대각성운동에는 한 가지 병폐가 생기기 시작했다. 신자들이 교회 안에서 예배를 드릴 때마다 소란을 피우고 혼란스럽게 하곤 했던 것이다. 그래서 이 운동을 추진하던 교회 지도자들은 몹시 염려하였다.

"성령께서 신자들에게 죄를 깨우쳐주고 토설하도록 만드실 때에 가슴을 치면서 통곡이 터져나오는 것은 어쩔 수 없는 현상입니다."

"그런데 문제는 많은 신자들이 반드시 극단적인 체험을 해야만 성령을 받은 것으로 인식한다는 것이지요. 그래서 각처의 예배 때 억지로 예배당 바닥에 뒹굴며 큰소리를 지르는 사람들이 생겼습니다. 그들은 진정한 예배자가 아닙니다. 오히려 예배를 방해하는 자들입니다."

"이런 일을 그대로 방관만 할 수는 없습니다."

"이대로 놓아둔다면 교회에 대한 인식이 나빠질 게 분명하고 우리들 역시 비난의 소리를 면할 수는 없을 것입니다."

바로 이런 시기에 제임스 데븐포트라는 사람이 광신주의 신앙운동을 펼쳐 사람들을 더욱 혼란 속으로 빠트렸다. 그래서 신대륙 각처의 교회들이 더욱 어려운 상황을 만났고, 대각성운동까지 그 본래의 의미가 흐려지고 말았다.

제임스 데븐포트는 본래 성실한 신부로서 사람들로부터 큰 존경을 받던 사람이다. 그런데 어느 날부터인가 그는 하나님의 계시를 직접 받았다고 하면서 사람들을 끌어모으기 시작했다. 그의 활동 때문에 각처의 교회에서 분열이 일어났다. 그러면서 이런 일의 원인이 조지 휘트필드라는 엉뚱한 이야기가 나돌았다.

바로 이런 상황에서 조지 휘트필드가 신대륙에 도착한 것이다. 상처 입은 교회들이 그의 치료를 기다리고 있었다. 그는 오랜 항해 뒤라서 피곤하고 지쳐 있었음에도 불구하고 도착하는 즉시 여러 곳을 다니면서 설교를 시작했다. 그러나 그것이 몸에 무리가 되어 그는 결국 자리에 눕고 말았다.

"휘트필드 신부님이 하필 이 중요한 시기에 몸져 누우시다니, 정말 마음이 아프고 안타깝습니다."

곁에 있는 사람이 그렇게 말하자 조지 휘트필드는 조용히 손을 저으며 작은 소리로 대꾸하였다.

"그렇게 안타까워할 필요는 없습니다. 하나님께서는 절대로 손해

가 되는 일은 행하지 않으시는 분이니까요. 비록 내가 이렇게 누워 있더라도 하나님께서 이 일을 모두 이루어가실 것입니다."

그는 어느 정도 건강을 회복한 후 다시 일을 시작했다. 조바심이 생겨 더 이상 누워 있을 수가 없었다.

사실 이 무렵 그는 건강이 별로 좋지 않았다. 오랜 기간 동안 하루에 몇 차례씩 설교를 하기도 했고, 폭력을 당하기도 했으며, 웨슬리와의 갈등 때문에 마음이 상하기도 했으니, 건강이 나쁠 수밖에 없었다. 그러나 그는 자신의 몸보다 하나님의 사역이 우선이었기 때문에 아무런 내색 없이 묵묵히 사역을 해나갔다.

타오르는 불꽃이 되어

조지 휘트필드는 보스턴으로 향했다. 그가 전에 가장 성공적인 집회를 했던 보스턴에서 가장 크게 휘트 필드의 사역을 오해하고 손가락질하고 있다는 소식을 들었기 때문 이다.

그가 보스턴에 도착하자 토머스 프린스 등 몇 사람이 마중을 나왔다.

"신부님이 영국으로 떠난 후 2년 가까이는 참 좋았습니다. 그러나 지금은 이곳 사람 대부분이 휘트필드 신부님을 광신주의 유발자로 알고 있고, 분열주의자라는 비난까지 하고 있습니다. 이런 상황을 어떻게 개선해나가야 할지 난감합니다."

휘트필드는 그들의 이야기를 들은 후 조용하게 말했다.

"저는 그 일을 할 수 없습니다."

휘트필드의 대답에 그들은 실망하는 기색으로 되물었다.

"그렇다면 신부님이 여기 온 의미가 없지 않습니까?"

"하지만 내가 못하는 일을 살아 계신 하나님은 하실 수 있습니다. 내가 여기까지 온 이유도 바로 거기에 있습니다."

먼저 휘트필드는 그들에게 안심할 수 있도록 권면하면서 자기에 대한 오해부터 풀어주려고 했다. 그리고 4년 전에 신대륙 전역에서 집회를 성공적으로 하면서도 몇 가지 서툴렀던 점들이 오늘에 와서 광신주의자니 분열주의자니 하는 지탄을 받게 되는 빌미가 되었다면서, 그런 점들도 솔직히 고백하며 용서를 구했다.

조지 휘트필드의 설명을 들은 후 그들의 태도가 바뀌었다. 조지 휘트필드의 고백은 목회자들의 마음에 안심을 주었고 신뢰를 회복하게 하였다.

"여러분도 잘 아시다시피 내 사역의 중심은 어디까지나 예수 그리스도의 사랑을 전하는 데 있었고, 그 사랑을 심고 가꾸어 풍성히 결실하자는 데 있었습니다. 그런데 어떻게 내가 광신주의와 분열주의를 조장하는 자가 될 수 있겠습니까? 반대자들의 선동 때문에 일이 이렇게 되고 말았습니다."

"그렇다면 이번 기회에 우리가 힘을 모아 다시 한 번 교회를 새롭게 만들어봅시다!"

이렇게 하여 그곳 목회자들의 협조 아래 조지 휘트필드는 보스턴부터 시작하여 뉴잉글랜드 지방 전역에서 예전과 다름없이 집회를 펼칠 수 있었다. 그의 설교는 잘못된 신앙을 바로잡고 그리스도의 사랑으로 서로 화합해야 한다는 데 역점을 두었다.

집회가 열리는 곳마다 많은 사람들이 몰려왔다. 사람들은 아침 일찍부터 모이기 시작했다.

"나는 지금까지 그리스도의 사랑으로 숨쉬며 살아가는 사람입니다. 그래서 내 설교의 주제도 주님의 사랑을 떠날 수 없습니다. 우리가 죄를 고백하고 회개하는 것도 주님과의 사랑의 교제를 나누기 위함이며, 그분이 주시는 기쁨과 평안에 참여하기 위함입니다. 혹시 지금 나의 설교를 듣는 분들 중에서 나에 대한 편견이나 오해를 가지고 있는 분이 계시다면 그런 마음을 푸시기 바랍니다. 예수 그리스도의 사랑을 입은 제가 어떻게 복음 이외에 다른 것을 전할 수 있겠습니까?"

이렇게 조지 휘트필드가 곳곳에서 집회를 하는 동안 그에 대한 편견과 오해가 점점 사그라들었다. 그리고 분별없이 날뛰던 광신자들도 서서히 설 땅을 잃어갔다.

그런데 이 무렵 하버드 대학교 총장과 교수 일동의 이름으로 조지 휘트필드를 반대한다는 '증언'이라는 인쇄물이 나돌기 시작했다. 이 인쇄물은 '조지 휘트필드야말로 무비판적인 광신자요 사람들을 기만하는 자'라고 규정하고 있었다.

"휘트필드 신부님, 이것 좀 보십시오. 이게 어찌된 일입니까?"

그의 동료가 그 인쇄물을 건넸다. 조지 휘트필드는 내용물은 읽은 후 이렇게 말했다.

"전에 내가 하버드 대학교에 가서 학생들을 상대로 설교할 때, 우리의 교육이 바람직해지려면 우선 교육자들 자신부터 거듭나지 않으면 안 된다고 질책한 적이 있습니다. 그러면서 달리는 말이 길을 벗어나면 마차는 수렁에 처박히게 된다는 말도 했고요."

"그때의 질책이 교수들의 비위에 단단히 거슬렸군요."

"네. 그게 발단이 된 것 같습니다."

조지 휘트필드는 결코 유쾌한 일이 아니었으나 당시의 설교를 해명하는 글을 써서 하버드 대학교 총장과 교수들 앞으로 보냈다. 그는 설교가 미숙했던 점을 사죄하는 말로부터 시작했다.

그러나 그의 신앙을 비난했던 점에 대해서는 조금도 타협하는 자세를 취하지 않았다. 그가 그들에게 써보냈던 글 가운데 다음과 같은 대목이 그 점을 잘 보여준다.

'증언'에서 나의 설교가 성경에서 벗어났다며 어떤 예를 들어 비난한 것을 보았습니다. 그런데 하버드 대학교 총장이신 에드워드 홀리오크 박사님의 설교집에도 그와 같은 주장이 기록되어 있습니다. 그렇다면 똑같은 주장이 어찌하여 한 사람의 것은 성경적이고, 한 사람의 것은 비성경적일 수 있습니까? 오류를 범했다면 나를 비난했던 총장님 역시 같은 오류를 범했다고 말해야 옳을 것입니다.

그 이후로 하버드 대학교는 조지 휘트필드에 대해서는 비난의 입을 다물었다.

조지 휘트필드는 뉴잉글랜드 지방을 두루 다니면서 집회를 한 후에 가장 중요한 목적지인 조지아 주로 향했다. 사반나에 세워지고 있는 고아원 건축이 어느 정도나 진행되었는지 신대륙을 떠난 이래 계속 궁금했기에 그곳으로 향하는 그의 마음은 더욱 바빴다.

그는 조지아 주로 도중에 뉴욕, 필라델피아, 버지니아 등을 거쳤고, 가는 곳마다 상당 기간 머물며 집회를 열었다. 그래서 조지아 주에 도착하기까지는 많은 시일이 걸렸다.

그가 사반나에 도착했을 무렵 고아원 건물인 '베데스다'는 거의 완공 단계에 있었고, 몇 군데 마무리 부분만 남은 상태였다. 고아원 운영도 잘되고 있었다.

그러나 예상했던 대로 재정난이 심해서 실무자들의 어려움이 크다는 사실을 다시 확인할 수 있었다. 영국에서 사역하던 4년 동안 고아원 설립 기금이 모이는 대로 즉시 보내곤 했지만 필요한 금액만큼 채워지지는 않았다. 조지 휘트필드는 실무자에게 물었다.

"내가 여기 없던 사이에 따로 들어온 기금이 없습니까?"

"얼른 기억이 나지 않습니다. 기금을 내기로 약속한 사람이라도 있었나요?"

"네. 뉴욕에 살고 있는 토머스 노블이란 분이 제게 약속한 적이 있습니다."

"하지만 개인으로부터 들어온 기금은 전혀 없었습니다."

"잘 알았습니다."

토머스 노블은 예전에 조지 휘트필드에게 '어찌 하나님의 사람 앞에서 빈말을 할 수 있겠느냐'며 기금에 대해 굳게 약속했던 사람이다. 나중에야 확인된 사실이지만 토머스 노블은 그 후 자기의 전

재산을 모라비아 교도에게 주겠다는 유언을 남기고 세상을 떠났다.

상황이 이렇게 돌아가자 조지 휘트필드는 집회를 통해 일시적으로 고아원 설립 기금을 모을 것이 아니라 정기적으로 후원할 사람들을 모으기로 했다. 다행히 벤저민 프랭클린이 이 일에 실무를 맡겠다고 나서주었다.

조지 휘트필드는 얼마 동안 사반나에 머물면서 고아원 경영 대책을 어느 정도 세운 후에, 이번에는 신대륙 남부와 중부지방을 순회하며 집회를 했다. 몸은 피곤했지만 영혼에 대한 긴박한 사명감은 그를 잠시도 쉴 수 없도록 만들었다.

이렇게 겨우 신대륙의 어려움들이 해결되는 가운데, 이번에는 영국의 존 케닉에게 편지를 받았다.

신부님이 신대륙으로 떠난 후 나는 전체 공동체를 바르게 이끌어가기 위해 열심히 일했습니다. 그러나 시간이 지날수록 한계를 느낍니다. 공동체의 지도자라는 임무가 무척 벅차다는 생각이 들었습니다. 저 나름대로 많이 고민하고 노력했지만 역시 역부족이었습니다. 그래서 저는 이 일을 내려놓고 모라비아 형제단에 들어가서 조용히 개인적인 신앙생활에 힘쓰려고 합니다. 끝까지 함께하지 못해서 죄송합니다.

존 케닉이 설교자로서 재능과 실력이 뛰어나고 용기와 열심이 대단한 사람인 것은 분명했다. 그러나 휘트필드가 걱정한 것처럼 실질적으로 공동체를 이끌어나가는 일에는 적임자가 아니었다.

조지 휘트필드는 이 편지를 받고 공동체 지도부에 공백이 생겼다는 사실 때문에 걱정스러웠다. 하지만 무엇보다도 케닉 같은 인재가 자기 공동체를 떠났다는 데에 더 큰 슬픔을 느꼈다. 그래도 그는 서운함과 슬픔을 감추고 케닉에게 다음과 같이 답장을 보냈다.

> 나는 당신이 어디에 가서 어떻게 살게 되더라도 맡겨진 사명을 훌륭히 수행하리라 믿습니다. 당신의 수고로 말미암아 하나님의 일은 분명히 확장될 것입니다. 그 일을 위해 나도 힘써 기도하겠습니다.

그리고 이어서 하웰 해리스에게도 편지를 썼다. 현재 공동체에 지도자가 없는 상태이므로 자기가 다시 영국으로 돌아갈 때까지 자신을 대신하여 지도자로서의 임무를 잘 수행해달라고 간곡하게 부탁했다.

영국의 공동체에 대한 일을 그 정도로 수습한 후 조지 휘트필드는 집회를 이어나갔다. 당시 그가 얼마나 사명감에 불타고 있었는지는 기록을 통해 잘 알 수 있다.

> 오, 예수 그리스도를 위하여 내가 좀 더 많은 일을 할 수 있다면 얼마나 좋을까. 오, 내가 주님의 심장처럼 순결하고 거룩하게 타오르는 불꽃이라면, 수많은 사람들이 나로 말미암아 귀하신 구속자를 바르게 믿고 섬기면서 살게 된다면 얼마나 좋을까.
> 귀중한 영혼들이 길을 잃고 방황하는 모습을 보면 그대로 두고는

내 마음이 견딜 수 없다. 그러기에 나는 가능하다면 나의 생명이 다하는 날까지 하나님의 구원을 전파하기 원하며, 그 일에 내 몸을 조금도 아끼고 싶지 않다.

이런 집회 활동은 그가 1744년 말 신대륙에 다시 도착한 이래 1748년 초까지 잠시도 쉬지 않고 계속되었다. 그의 몸은 지칠 대로 지쳐 있었지만 그의 불타는 사명감은 휴식할 여유를 주지 않았다.

결국 조지 휘트필드는 권위 있는 의사로부터 경고의 말을 들었다. 의사는 조지 휘트필드의 몸을 면밀하게 검진한 후 매우 걱정스러운 진단을 내렸다.

"신부님의 몸 곳곳에서 위험신호가 보입니다."

"위험신호라니요?"

"계속해서 이렇게 활동한다면 목숨을 잃게 될지도 모른다는 말입니다."

"그러면 어떻게 해야 합니까?"

"일단 쉬셔야지요. 현재 상태에서는 절대적 안정이 필요합니다. 완전히 탈진한 상태라 요양을 얼마나 해야 할지도 알 수 없습니다."

"그렇다면 쓰러질 때까지 사역을 계속하겠습니다. 그것이 평소에 나의 소원이었으니까요."

"신부님, 사명감과 의지도 중요하지만 건강이 허락되지 않으면 소용없는 일 아닙니까. 좀더 멀리 내다보시고 좀 쉬십시오."

사실 조지 휘트필드는 며칠 동안 침대 위에서 일어날 수조차 없었다. 그만큼 온몸과 열정을 바쳐 하나님의 일을 해나갔다. 온전히 자신을 바친 그의 사역과 노력은 신대륙 곳곳에서 결실을 맺기 시작했다. 그의 신앙에 대한 편견이 사라지고 대각성운동에 폐단을 끼쳤던 광신자의 활동도 거의 자취를 감추었다.

조지 휘트필드는 더 이상 활동하기가 불가능하다는 사실을 깨닫고는 한 친구의 주선으로 버뮤다 섬으로 휴식을 취하기 위해 떠났다. 그곳은 휴양지로서는 최적의 장소였다. 1748년 3월 초의 일이다.

그는 버뮤다 섬에 머물러 지내는 동안에도 몇 차례 가벼운 설교를 하기로 했다. 그곳 사람들이 요청했기 때문이기도 하지만 조지 휘트필드 자신에게도 오히려 원동력이 되었다.

조지 휘트필드는 버뮤다 섬에서 휴식을 취하고 있을 때 또 다시 영국에서 편지 한 통을 받았다. 하웰 해리스가 보낸 것이었다.

> 이 편지를 받아보는 즉시 영국으로 돌아오셨으면 합니다. 아니, 돌아오셔야 합니다. 존 케닉이 떠난 후로 공동체가 흔들리고 있으며, 최근에는 설교자 윌리엄 쿠드모어가 300여 명의 형제들을 이끌고 우리 공동체를 떠나 새로운 공동체를 만들었습니다.
> 그동안 나도 열심을 내며 일을 했지만 내 능력의 한계가 드러난 듯합니다. 그러니 당신이 속히 와서 그동안 어려워진 일들을 회복시켜주시기 바랍니다.

정말 난감한 일이었다. 건강이 회복된 것은 아니었지만 그런 편지를 받고 그대로 머물러 있을 수는 없었다. 그래서 휘트필드는 편지

를 받은 즉시 버뮤다 섬에서 영국을 향해서 곧바로 출항하였다. 휴식을 위해 이 섬에 머문 지 두 달만의 일이었다.

당시에 아내 엘리자베스는 필라델피아에 머물고 있었기 때문에 이번에 남편과 동행하지 못했다. 그는 영국으로 돌아가는 배 안에서도 사람들을 모아놓고 설교를 했다. 그리고 설교할 때마다 먼저 마음속으로 이렇게 하나님께 기도하였다.

"하나님, 나와 함께 항해하는 이 사람들의 영혼을 구원해주소서."

하나가 된 감리교단

조지 휘트필드가 영국에 도착하자 많은 사람들이 그를 기다리며 열렬하게 환영해주었다.

"휘트필드 신부님이 돌아왔다."

"오, 하나님 감사합니다!"

이렇게 대단한 환영 인파는 처음이었다. 휘트필드는 어떻게 된 영문인지 알 수가 없었다. 그래서 그곳에 마중을 나왔던 해리스에게 물었다.

"이게 어떻게 된 노릇입니까, 해리스 씨?"

그러자 그는 웃으며 대답했다.

"그럴 만한 이유가 있었습니다."

그 이유를 듣고 난 후 휘트필드는 웃지 않을 수 없었다. 조지 휘트필드는 잠시 버뮤다 섬에서 휴식을 취하는 동안 영국에 소식이 잘못 알려진 것이다. 영국 신문들은 휘트필드가 모진 병을 앓다가 죽었다고 기사를 냈다.

'순회 설교자이며 감리교의 창시자인 조지 휘트필드 씨가 버뮤다 섬에서 병을 앓다가 죽었음.'

이 기사가 신문을 통해 알려지자 평소에 그를 존경하던 사람들은 큰 충격을 받았다. 그래서 조지 휘트필드가 영국에 도착했을 때 사람들은 마치 그가 정말 죽었다가 살아서 돌아오기라도 한 것처럼 반가워했던 것이다.

그가 돌아오자마자 감리교 공동체는 다시 활기를 띠게 시작했다. 공동체의 예배는 장막 안에서나 무어필드 공원에서나 뜨겁게 드려졌다. 그가 글로스터와 브리스틀 등의 공동체를 방문했을 때에도 그 열기는 마찬가지였다.

"휘트필드 신부님, 참 신기한 생각이 듭니다."

"뭐가요, 해리스 씨?"

"당신이 없을 때에는 이곳 공동체가 당장에 무너지는가 싶더니 지금은 언제 그런 어려운 일이 있었느냐는 듯이 말끔히 해결되었지 않습니까?"

"하나님께서 하시는 일이지요. 저에겐 그런 힘이 없습니다."

어느 정도 시일이 지나자 조지 휘트필드가 세운 공동체는 예전처럼 안정과 활기를 되찾았다. 하나님의 함께하심과 그의 탁월한 지도력은 사람들의 마음에 다시금 열정을 불어넣었다.

이 무렵부터 조지 휘트필드에게 큰 고민 하나가 생겼다.

'내가 일해야 할 일터가 이곳 영국과 바다 건너 신대륙 두 곳 중 어디일까? 두 곳에서 모두 사역을 한다는 것은 힘든 일이야. 그렇다며 어느 한쪽을 선택해야 하지 않을까?'

이것은 그동안 신대륙과 영국을 오가면서 사역하는 동안 계속되었던 고민이기도 했다. 그의 사역이 영국에서 출발한 것이긴 하지만 현재는 신대륙에서의 일이 훨씬 비중이 컸다. 그러다보니 그의 관심은 자연스럽게 '영국에서의 일을 어떻게 처리할 것인가?'라는 쪽으로 기울고 있었다.

또 한편으로 조지 휘트필드의 마음을 무겁게 하는 것이 있었는데, 그것은 아직까지 존 웨슬리와 화해하지 못하고 각자의 길을 걷고 있다는 것이었다.

'피차 길이 다른데 어떻게 그럴 수 있습니까?'

이런 말을 남기고 서로 작별한 후 오랫동안 존 웨슬리와는 대면조차 하지 못했다.

'한때 신앙의 동역자였는데 그리스도의 이름을 걸고 서로 갈라서다니, 이런 일은 결코 하나님이 기뻐하시지 않는 일이야. 주님의 사랑을 전한다고 하면서 내가 그런 본을 보이지 못한다는 것은 얼마나 큰 모순인가.'

생각할수록 그 문제는 조지 휘트필드에겐 올무가 되었다.

그러던 어느 날 조지 휘트필드는 어떤 백작부인의 방문을 받았다. 그녀는 귀족인데도 불구하고 보기 드물게 훌륭한 신앙을 가지고 있었고, 존 웨슬리와 조지 휘트필드를 모두 존경했다. 백작부인은 자리에 앉자마자 본론부터 이야기했다.

"나는 휘트필드 신부님께서 그동안 존 웨슬리 신부님과 서로 갈라진 일을 마음 아프게 생각하는 사람입니다."

이 말은 조지 휘트필드의 가장 아픈 곳을 찌르는 말이었다.

"도대체 칼빈주의가 무엇이고 알미니안주의는 또 무엇입니까? 언제 예수님께서 그런 교리 문제를 가지고 친구와 원수가 되라고 하신 적이 있었나요?"

"정말 면목 없는 일입니다."

"이제라도 늦지 않았으니 제발 화해하십시오. 주님의 사랑은 원수도 서로 친구가 되도록 만드는 것인데 도리어 친구 사이가 원수로 변하다니, 어디 말이나 됩니까? 게다가 두 분은 수많은 영혼들을 이끌고 있는 지도자들 아닙니까."

한마디 한마디가 그의 심장을 찔렀다. 겉으로는 태연한 척했지만 늘 그 문제로 고민해왔던 터라, 백작부인의 따끔한 충고를 듣자 조지 휘트필드는 자신의 가장 깊은 부분이 발가벗겨진 기분이었다. 백작부인은 자신이 중간에서 주선하여 자리를 만들테니 이번 기회에 꼭 화해하라고 거듭 당부하고 떠났다.

조지 휘트필드의 가슴엔 부끄러움과 당혹감이 앞섰다. 이제 이 문제를 정면으로 맞닥뜨려 해결하는 수밖에 없다고 생각했다.

'화목은 주님의 절대적인 명령이 분명하다. 하지만 야심이 강한 존 웨슬리는 결코 나에게 무릎을 꿇지 않을 거야. 그렇다면 내가 먼저 무릎을 꿇어야 하는데, 이제는 개인의 문제가 아니라 양쪽 공동체의 문제가 걸린 문제이니 어떻게 해야 할지….'

이미 정답이 나와 있는 문제였지만 자기 자신을 포기하기가 생각보다 쉽지 않았다. 조지 휘트필드는 이러지도 못하고 저러지도 못한 채 고민하고 있었다. 그런 가운데 그의 눈앞에 떠오르는 모습이 있었다. 그것은 십자가 위에 매달려 처참하게 죽어가신 주님의 모습이었다. 그 모습을 보면서 그는 '칼빈주의 교리도 중요하지만 남을 위하여 대신 죽어주는, 주님의 사랑을 실천하는 일이 더욱 중요하지 않을까' 하는 생각이 들었다.

또 그의 뇌리에는 버뮤다 섬에서 휴식하고 있을 당시 영국 사회 안에 자신이 죽었다는 소문이 파다하게 퍼졌던 일도 생각났다. 이런 여러 가지 생각들은 자연스럽게 한 가지 결론으로 이어졌다.

'결국 내가 복음적으로 죽어야 할 때가 되었다는 하나님의 경고이다.'

조지 휘트필드는 즉시 그 길로 하웰 해리스를 찾아갔다. 그의 결심을 가장 먼저 알려줄 생각이었다. 그의 말을 들은 해리스는 펄쩍 뛰었다.

"아니, 어떻게 그럴 수가 있습니까? 알미니안주의 감리교와 칼빈주의적 감리교는 연합할 수 없는 물과 기름입니다."

"그렇지만 교리보다 그리스도의 사랑 안에서 화목을 이루는 것이 더 중요한 일이라고 생각합니다."

"당신이 웨슬리와 화해한다는 것은 우리의 공동체를 포기하는 것과 마찬가지입니다."

"물론 겉으로 볼 때야 그렇겠지만, 주님 안에서 형제적 사랑으로 하나가 된다는 것은 복음적인 실천이 아닐까요?"

"그렇다면 차라리 우리 공동체를 저에게 맡겨주십시오. 우리 공동체가 웨슬리의 손에 넘어가면 조지 휘트필드라는 이름은 감리교 역사에서 영원히 사라지고 말 것입니다."

조지 휘트필드는 잠시 생각하더니 이렇게 대답했다.

"해리스 씨, 그리스도께서 영광을 받으시려면 조지 휘트필드의 이름은 영원히 사라져야 합니다. 주님은 죽기까지 낮아지셨잖아요."

조지 휘트필드는 이 일이 무척 어려운 결단이기도 했지만, 동시에 낮아지고 죽음으로 오히려 높아진다는 진리를 깨닫고 이미 실천하고 있었다. 그는 자신의 결심을 쉽게 받아들이지 못하는 하웰 해리스에게 이렇게 말했다.

"도대체 칼빈이 뭐고 루터는 또 뭡니까? 그들이 우리를 구원했습니까? 아닙니다. 우리는 예수님 한 분만을 우리의 모든 것으로 삼아야 합니다. 그리고 우리는 그분만을 세상에 전해야 합니다."

"…그렇긴 하지요."

"해리스 씨, 만약 내가 먼저 세상을 떠나거든 나의 묘비에 이렇게 써주십시오. '여기 조지 휘트필드가 잠들어 있다. 그가 어떤 사람인가는 심판 날에 다 밝혀질 것이다' 라고 말입니다."

조지 휘트필드의 분명한 태도에 하웰 해리스는 더 이상 아무 말도 할 수 없었다. 그가 존 웨슬리와의 화해를 결심하자 앞으로 어디에서 어떻게 사역에 집중할 것인지 고민하던 것도 해결되었다.

휘트필드는 교리 문제를 초월하여 자기가 지금까지 이끌어왔던 칼빈주의 감리교 공동체도 존 웨슬리에게 맡기기로 결심했다. 조지 휘트필드는 이렇게 결심한 후 존 웨슬리와 만날 자리를 마련했다. 서로 결별한 후 공식적으로는 처음 만나는 것이었다. 이 자리에는 찰스 웨슬리와 하웰 해리스가 참석했고 백작부인도 참석했다.

조지 휘트필드는 이미 마음으로 모든 일을 정리했기 때문에 그 얼굴에 평안한 빛이 감돌았다. 그러나 존 웨슬리의 얼굴에는 긴장 감이 흐르고 있었다.

"존경하는 웨슬리 신부님, 우리는 피차가 그리스도의 사랑을 성취해야 할 거룩한 의무를 지니고 있다는 데 동의하십니까?"

"물론 동의합니다."

"그렇다면 우리가 그리스도의 사랑을 성취하기 위해 서로 다른 교리적인 차이는 물론이고 인간의 감정 문제까지 초월해야 한다는 데에도 동의하시겠군요."

"…."

존 웨슬리는 아무 말이 없었다. 그 말이 혹시 자기를 곤란에 빠뜨리는 올무가 아닌가 싶었기 때문이다.

"제 말에 무슨 문제가 있습니까?"

"아닙니다. 그 말을 하는 의도는 잘 모르겠지만 신부님의 말 자체에는 아무런 문제도 없습니다."

이들의 대화를 지켜보던 하웰 해리스는 후에 그때의 일을 다음과 같이 얘기했다.

그 순간 웨슬리의 표정에는 조지 휘트필드가 감리교를 분열시켜 그 우두머리가 되지 않을까 하는 두려움이 역력히 나타났고, 자기의 위상이 흔들리는 게 아닌가 하는 두려움도 동시에 나타나 있었다.

조지 휘트필드는 밝게 웃으면서 다시 입을 열었다.

"됐습니다, 웨슬리 신부님. 나는 내가 믿고 있는 칼빈주의 교리가 잘못되었다거나 혹은 내가 세워 이끌고 있는 공동체가 잘못되어서가 아니라 오직 한 가지, 그리스도의 사랑과 그 성취를 위하여 모든 것을 포기하기로 결심했습니다."

"그게 무슨 말씀입니까?"

"우리는 절친한 관계였는데도 불구하고 그동안 교리를 내세우면서 서로 적대시해왔습니다. 나는 그것이 주님 앞에서 얼마나 부끄러운 일인지를 깨달았습니다. 그래서 우리 사이의 이런 잘못을 청산하기 위하여 나 자신부터 먼저 포기하고 낮아지기로 결심했습니다."

"…!"

"나는 오늘부터 우리 칼빈주의 공동체의 지도자 자리를 물러나겠습니다."

"그럼 당신의 공동체는 누가 이끌어갑니까?"

"웨슬리 신부님, 당신이 있지 않습니까? 이 땅의 감리교는 영원히 하나여야 합니다."

이 말이 끝나자마자 존 웨슬리는 자리에서 벌떡 일어났다. 그런 다음 조지 휘트필드를 끌어안고 눈물을 흘렸다.

"나는 당신의 발뒤꿈치에도 미치지 못하는 사람입니다. 당신은 정말 위대합니다!"

이렇게 하여 두 사람의 화해와 함께 영국에서 일어난 감리교단은 하나가 되었고, 이 교회의 공식적인 창시자와 지도자는 조지 휘트필드가 아니라 존 웨슬리가 되었다. 이때가 1748년으로, 조지 휘트필드가 영국으로 다시 건너온 지 불과 3개월 만이었다.

그리스도의 사랑을 실천하기 위해 자신이 그동안 온 힘과 마음을 다해 이루어놓은 일들을 포기하고 친구와 하나 되고 교회를 하나로 만들기 위하여 명예와 높아짐을 버린 사람, 그가 바로 조지 휘트필드였다. 그는 그리스도의 정신을 그대로 본받아 살고자 한, 참 그리스도의 제자였다.

그가 비록 공동체의 지도자 자리에서 물러났지만 전도 활동만큼은 조금도 늦추지 않고 계속했다. 특히 이후 얼마 동안은 영국의 귀족사회 안으로 파고드는 일에 주력했다. 그로 하여금 귀족사회에 전도할 수 있도록 적극적으로 주선해준 사람은 존 웨슬리와 화해하도록 도모해준 백작부인이었다.

18세기 영국사회의 귀족들은 말할 수 없을 정도로 부패해 있었다. 엄청난 부와 권세와 명성을 바탕으로 음주와 도박, 음행 등 온갖 부도덕한 짓들을 일삼고 있었다. 이런 상황 속에서 그 백작부인의 정결하고 경건한 신앙은 귀감이 되고도 남을 만했다.

그녀는 먼저 그동안 가깝게 지내던 귀족들을 집으로 초대한 후 조지 휘트필드를 그 자리에 초청했다. 이렇게 시작된 모임은 참여

한 귀족들의 호응을 크게 얻어 정기적으로 모임을 갖게 되었고 갈수록 그 수도 늘어났다. 조지 휘트필드의 설교를 듣고 변화를 체험한 귀족은 많았다. 그리고 이런 영향은 놀랍게도 오래잖아 왕족들에게까지 미치게 되었다.

특히 이 무렵 그의 설교를 듣고 감동받은 예외적인 인물이 있었는데, 바로 불가지론 철학자로 유명한 데이비드 흄이었다. 흄은 받은 감동이 어찌나 컸던지 조지 휘트필드에 대해 이렇게 말했다.

조지 휘트필드 씨는 지금까지 내가 대면해본 설교자 가운데 가장 뛰어난 설교자였다. 그의 설교는 정말 300킬로미터의 거리를 달려가서라도 들어볼 만한 가치가 있다.

저 나라에 뜨는 태양

조지 휘트필드는 감리교 공동체를
존 웨슬리에게 맡긴 후 신대륙으로 건너가 그곳 일에만 전념하려 했
지만 영국에서 해야 할 일들이 계속 생겼다. 영국 각처의 성도들과
존 웨슬리까지도 그를 좀처럼 놓아주지 않았기 때문이다.

그는 1750년경부터 10년 동안은 신대륙을 오가면서 바쁘게 사역
을 계속했다. 그러나 1760년경부터 마지막 10년간은 몸이 쇠약해져
예전처럼 활동하지 못하고 주로 영국에 머물렀다. 그러면서도 그 사
이에 두 차례나 신대륙으로 건너갔다. 그리고 마침내 그곳 신대륙에
서 그의 생애를 마쳤다.

조지 휘트필드가 존 웨슬리와 화해하고 공동체까지 그에게 맡긴
후 지도자의 자리에서 완전히 떠날 결심을 했을 때 그를 따르던 수

많은 사람들은 그 사실을 믿지 않았다.

"뭐? 휘트필드 신부님이 우릴 떠났다고?"

"그럴 리가 없지. 그건 상상할 수도 없어."

"목자가 양떼를 버리고 떠나다니 있을 수 없는 일이야."

나중에 그것이 사실이었다는 것을 알게 되었지만 조지 휘트필드를 존경하고 따르는 성도들의 마음은 변함이 없었다. 특히 무어필드 장막의 성도들은 그 태도를 더욱 강하게 가졌다.

"우리는 조지 휘트필드가 지도자의 자리에서 물러나는 일을 절대로 반대한다!"

"우리 장막 성도들은 휘트필드가 아닌 다른 어느 누구도 설교자로 받아들이지 않을 것이다."

"조지 휘트필드는 장막을 떠날 수 없다."

사정이 이렇게 되자 조지 휘트필드는 존 웨슬리와 의논한 후 장막의 설교를 맡기로 했다. 그렇지 않고서는 장막 성도들의 완강한 태도를 진정시킬 수가 없었기 때문이다.

이렇게 조지 휘트필드가 설교만을 담당한다고 해도 그의 활동이 결코 영역이 좁아진 것은 아니었다. 그가 세운 공동체 안에서 뿐만 아니라 존 웨슬리가 세운 공동체에서도 끊임없이 설교 요청이 들어왔기 때문에, 오히려 설교 영역을 더욱 넓힐 수 있는 기회가 되었다.

조지 휘트필드가 뉴캐슬에 있는 공동체에서 설교했을 때 존 웨슬리는 청중들의 반응에 몹시 만족하면서 기뻐했다.

"오, 휘트필드 신부님. 당신은 진정 하나님께서 우리에게 보내주신 하나님의 사람입니다."

"그게 무슨 말입니까?"

"신부님도 설교하면서 청중의 표정들을 보지 않았습니까. 사실 나는 여태까지 청중들이 그렇게 감동하는 모습을 본 적이 없습니다."

"모두가 하나님의 은혜지요."

"어디 그것뿐인 줄 아십니까? 이곳에서 몇 차례 계속된 당신의 설교는 그동안 우리 공동체를 계속 반대하던 사람들의 완악한 마음까지도 풀어주었습니다. 오늘도 나는 그들 가운데 몇 사람이 이 자리에 엎드려 눈물을 흘리면서 통회하는 모습을 보았습니다."

"정말 잘된 일이군요. 듣기만 해도 기쁩니다."

런던 파운더리에서 처음 설교한 후 조지 휘트필드는 그날 일기에 이렇게 적었다.

내가 그들을 향해서 설교했을 때 그들은 한결같이 기쁨으로 충만한 모습이었다. 내가 설교하러 나갈 때마다 웨슬리 형제는 기도문을 읽었고, 주일날에는 내가 기도문을 읽고 그가 설교하였다. 수천 명이 참여한 성찬 예식을 거행할 때는 은혜의 절정을 맛보기도 했다.

그가 아일랜드에서 설교하였을 때 거기에 참석했던 한 사람이 그에게 와서 말했다.

"나는 그동안 존 웨슬리의 설교를 들으면서 은혜를 많이 받았는데, 당신의 설교를 통해서는 더욱 기름진 음식을 먹은 듯해서 든든

216

합니다. 구원의 진리에 대하여 당신만큼 분명한 태도로 설교하는 사람을 나는 이제껏 본 적이 없었습니다. 뿐만 아니라 나의 마음은 지금 하나님께 대한 찬양으로 넘치고 있습니다."

사람들의 이런 반응을 찰스 웨슬리도 기쁨으로 받아들였고, 그의 공로에 대한 칭찬을 아끼지 않았다.

"조지 휘트필드 신부님이 우리 공동체 안에 미치는 영향은 놀랍습니다. 그의 복음적인 신앙과 확신에 찬 설교는 교회 안에서 풍성한 수확을 거두도록 만들어주었습니다. 그는 우리 공동체를 신앙으로 더욱 견고하게 다지기 위해 최선의 노력을 하고 있습니다."

감리교단 공동체에서 뿐만 아니라 여러 교파의 사람들도 조지 휘트필드의 설교를 듣기 원했으며, 그가 설교하는 곳이면 어디에서든 회심하는 사람들을 볼 수가 있었다.

그의 설교가 얼마나 크고 넓게 영향력을 미쳤는가는 당시 영국 국교회 안에 복음주의파가 형성되고 발전되었다는 사실 하나만으로도 충분히 알 수 있다. 그처럼 완고하던 국교회 안에서조차 그런 운동이 일어난 것은 전적으로 조지 휘트필드가 보여준 모범적인 신앙과 설교의 힘 덕분이었다.

누군가 그에게 물었다.

"당신은 당신의 공동체를 버림으로 오히려 몇 갑절이나 더 많은 사람들에게 설교하게 되었군요. 그렇게 된 근본적인 이유는 어디에 있다고 봅니까?"

그는 조금도 머뭇거리지 않고 대답했다.

"내가 작은 공동체를 버렸더니 하나님은 도리어 더 큰 공동체를 맡겨주셨습니다. 하나님께서 나로 하여금 몇 사람의 종이 아니라 이 땅에 살고 있는 모든 사람의 종이 되게 하신 것이지요. 거듭 말하지만 나는 모든 사람의 종입니다. 주께서 세상 사람을 섬기러 오셨듯이 나도 그렇게 모든 사람을 섬기는 종이 된 것입니다."

조지 휘트필드는 처음에 장막을 임시 건물로 지었기 때문에 1753년에는 임시 건물을 철거하고 새로 건물을 짓기 시작했다. 이중 벽돌 구조로 튼튼하게 지어졌으며 4천 명 이상의 인원을 넉넉히 수용할 수 있었다.

그는 1756년에 런던에 또 하나의 큰 예배당을 건축했다. 바로 토트넘 코트 로드 교회이다. 이 장소에는 본래 국교 반대파의 집회소가 있었는데, 조지 휘트필드는 여기에 와서 몇 차례 설교한 후 예배당을 짓자는 결정을 한 것이다. 넓이 21미터, 길이 38미터이며, 삼면에는 넓은 회당까지 지어져 당시 비국교회 건물로서는 가장 큰 것이었고, 예배당 지하에는 납골소도 마련되었다. 예배당을 완공한 후 조지 휘트필드는 그곳에 묻히기를 바란다고 말했다.

"나는 죽어서 이 예배당 지하에 묻히기를 바란다. 그리고 가능하다면 장차 웨슬리 형제도 여기에 함께 묻히기를 바란다."

1760년부터 1770년까지 마지막 10년간은 조지 휘트필드가 병고에 시달렸으나, 그럼에도 불구하고 기회가 주어지면 사양하지 않고 말씀을 전하는 일을 헌신적으로 수행했다.

그의 몸에 이상 증세가 확연히 보이기 시작한 것은 이보다 훨씬 이전부터였다. 어느 해 추운 겨울철에 스코틀랜드에서 설교를 계속하던 중에 각혈을 하기 시작했다. 자신의 건강에 이상이 있음을 느낀 조지 휘트필드는 긴장이 되었다.

그러나 그런 증세가 나타나는 것은 당연한 결과인지도 몰랐다. 거센 바람과 추운 날씨임에도 불구하고 수천 명의 청중이 다 들을 수 있도록 연일 큰소리로 설교를 해야 했기 때문이다. 게다가 이 무렵에는 감기를 심하게 앓기까지 했다.

그런데 이후부터는 건강이 눈에 띄게 나빠져 몸이 예전처럼 쉽게 회복되지 않았다. 그는 몸이 허약해져 그만큼 활동을 줄여야 했지만 그래도 그는 틈만 나면 새 장막과 새 예배당을 오고가는 등 조금도 활동을 멈추지 않았다.

1760년 초에는 몸이 너무나 허약해져서 침대에 누워 있어야만 하는 지경에 이르렀다. 도저히 설교를 할 수 없는 상태였다.

"휘트필드 신부님, 이제 설교를 하지 못하게 된다면 어떻게 하시겠습니까?"

한 성도가 문병 와서 묻자 그는 태연하게 웃으면서 대답했다.

"그런 염려는 할 필요 없습니다. 하나님은 당신에게 손해가 되는 일은 절대로 하지 않으시는 분이니까요."

얼마 후 그는 기적처럼 자리에서 일어났다. 설교할 수 있을 만큼 회복되자 그는 브리스틀과 플리머스에 가서 설교를 했고, 얼마 후에는 네덜란드와 스코틀랜드도 방문했다.

그러나 그때까지 적대자들은 여러 가지 방법을 동원하여 끊임없이 그를 비난했다. 전혀 근거 없는 추한 소문이 나돌아 큰 곤욕을 당하기도 했다. 그러나 그는 그런 유언비어에도 개의치 않고 오직 일에만 전념했다.

1763년 8월에 그는 또 한번 신대륙에 건너갔다. 1756년부터 시작된 영국과 프랑스 사이의 전쟁이 7년 동안이나 계속되는 바람에 이번 여행은 8년만의 일이었으며, 휘트필드에게는 여섯 번째 방문이었다.

"휘트필드 신부님이 오셨다!"

"이제는 여기에 머무시도록 하자!"

이번 방문 때 베데스다 고아원 설립 때문에 가지고 있던 빚을 모두 갚았다. 베데스다 고아원은 그동안 후원자들 기금과 농장에서 나오는 생산물 판매금 등으로 잘 운영되고 있었다. 고아들을 위한 학교도 순조롭게 운영되었고 환경도 잘 다듬어져 있어서 마음이 흐뭇하였다.

그는 이때도 지방 순회 집회를 열면서 설교를 계속하였다. 그리고 이 기간에 인디언 소년들을 위하여 세운 학교를 방문하기도 했다.

조지 휘트필드는 사역을 계속하면서 이곳 조지아 주에도 대학교가 있어야 한다고 생각했다. 그런 뜻에서 조지아 주 총독에게 대학교 설립의 뜻을 전하자 그는 전적으로 찬성해주었다.

"휘트필드 신부님께서 앞장선다면 나도 학교 설립 준비를 적극 돕겠습니다."

"그럼 전 서둘러 영국으로 돌아가서 정부로부터 학교 설립 허가부터 받아오겠습니다."

이런 일로 그는 1765년 7월에 다시 영국으로 돌아갔다. 조지 휘트필드가 학교 설립 허가 신청서를 제출하자 정부는 이 사안은 종교와 관계되는 일이라면서 캔터베리 대주교에게 넘겼다. 대주교는 그에게 물었다.

"만약 조지아 주에 세우려는 학교가 국교회 소속으로 운영하겠다면 그 조건 하에 허락하겠습니다. 그렇게 할 수 있습니까?"

조지 휘트필드는 그 제안을 단호히 거절했다.

"이 학교는 비국교도들이 기금을 내주지 않는다면 세울 수 없습니다. 대주교님의 요구는 무리입니다."

그래서 대학교 설립은 지연될 수밖에 없었다.

이 기간에도 그는 부지런히 설교하려 다녔다. 건강이 매우 안 좋은 상태여서 주변 사람들이 말렸지만 그래도 그는 계속해서 설교를 하러 다녔다.

그의 설교집 《조지 휘트필드 신부의 설교 75편》이 출간된 것은 1768년의 일이다. 곁에 있는 사람이 속기로 적어 기록했던 그의 설교를 책으로 펴낸 것이었다. 그런데 정작 조지 휘트필드 자신은 설교집 출판을 달갑게 생각하지 않았다. 속기자가 그의 설교를 내용 정리 없이 어지럽게 기록했기 때문이다. 그러나 이것은 후에 유일하게 남은 그의 설교 자료가 되었다.

1769년에 조지 휘트필드는 다시 신대륙을 향해 떠났다. 그런데 이 길로 그는 영국을 영영 떠나게 되었고, 마지막 신대륙 방문이 되고 말았다.

그 사이에 법이 바뀌어 식민지의회의 하원법에 따라 총독이 직접 학교 설립 허가를 할 수 있었다. 그래서 조지아 대학교 설립을 위해 신대륙으로 간 것이다.

조지 휘트필드는 사반나에 얼마 동안 머물면서 고아원 건물 양쪽에다 두 동의 건물을 더 짓도록 했다. 어쩌면 여생을 여기서 보내리라는 생각이었는지도 모른다. 그는 편안하게 베데스다에서 머물고 싶은 마음도 있었다. 그러나 복음의 열정은 그로 하여금 계속해서 설교자의 자리에 서게 했다.

　이듬해에 그는 보스턴으로 가던 중 엑서터에 이르렀을 때, 그곳의 사람들이 설교를 해달라고 요청했다. 그의 건강이 매우 나빠져서 설교를 할 만한 상태가 아니었다. 그러나 그는 사람들의 요청에 따라 고린도후서 13장 5절의 "너희는 믿음 안에 있는가 너희 자신을 시험하고 너희 자신을 확증하라"는 말씀을 본문으로 설교를 했다.

　설교를 마친 후 휘트필드는 뉴베리포트에 있는 올드사우스 장로교회의 목사인 조나단 파슨즈의 집으로 갔다. 이곳에서 그는 불꽃 같았던 그의 삶을 마무리했다. 그가 세상을 떠난 날은 1770년 9월 30일, 주일 아침이었다.

　그는 전날 엑서터에서 한 설교가 마지막 설교라는 것을 예감한 듯, 이렇게 기도하고 그 설교를 마무리했다.

　"나는 이제 예비된 나라로 갑니다. 내가 이 세상에서는 지금 석양처럼 지고 있지만 저 나라에서는 아침 태양처럼 떠오를 것입니다."

1714년	12월 16일, 영국 중부의 글로스터에서 태어나다.
1726년(12세)	교회 부설 학교에 입학하다.
1729년(15세)	학업을 중단, 여인숙의 심부름꾼으로 일하다.
1732년(18세)	옥스퍼드 대학교의 펨브룩 대학에 입학하다.
1733년(19세)	홀리 클럽에 가입, 존 웨슬리를 만나다.
1735년(21세)	거듭남을 경험하다.
1736년(22세)	벤슨 주교에게 부제 서품을 받다. 세인트 메리 크립트 교회에서 첫 설교를 하다.
1738년(24세)	처음으로 신대륙에 발을 내딛다. 고아원 설립 기금 모금을 위해 영국으로 돌아오다.
1739년(25세)	벤슨 주교에게 사제 서품을 받다. 야외 설교를 시작하다.

한눈에 보는 조지 휘트필드의 생애

1740년(26세)   미국 조지아에 베데스다 고아원을 세우기 시작하다.
              흑인 교육을 위한 나사렛 건물을 짓기 시작하다.
              대각성운동을 주도하다.

1741년(27세)   교리 차이 때문에 존 웨슬리와 헤어지다.
              무어필드에 장막을 세우다.
              엘리자베스 제임스와 결혼하다.

1742년(28세)   스코틀랜드 캠버슬랭에서 놀라운 부흥을 주도하다.
              공동체운동을 시작하다.

1748년(34세)   감리교 수장 자리를 존 웨슬리에게 양보하다.
              그의 감리교회도 웨슬리에게 양도하다.

1756년(42세)   토트넘 코트 로드 교회를 짓다.

1769년(55세)   마지막으로 신대륙을 방문하다.

1770년(56세)   9월 30일, 하나님 품에 안기다.

그러나 더욱 큰 은혜를 주시나니 그러므로 일렀으되
하나님이 교만한 자를 물리치시고 겸손한 자에게 은혜를 주신다 하였느니라
야고보서 4장 6절

실천 · 적용 편

" 겸손으로 하나님께 영광을!"

—

하나님은 모든 사람이 하나님의 이름을 듣고 온 세상에 복음이 퍼질 때까지 심판을 미루어놓으셨습니다. 우리를 향한 하나님의 크신 사랑이 우리를 위해 참으시도록 만든 것입니다. 조지 휘트필드도 존 웨슬리와 다른 사람들로부터 오해를 받고 비난을 받았지만 다투지 않고 겸손한 마음으로 기다렸습니다. 그래서 오늘날 많은 사람들이 그를 진실한 설교자, 진정한 개혁자로 평가하고 있습니다.

"사람이 교만하면 낮아지게 되겠고 마음이 겸손하면 영예를 얻으리라"(잠 29:23).

"나는 오늘부터 우리 칼빈주의 공동체의 지도자 자리를 물러나겠습니다."
"그럼 당신의 공동체는 누가 이끌어갑니까?"
"웨슬리 신부님, 당신이 있지 않습니까? 이 땅의 감리교는 영원히 하나여야 합니다."
이 말이 끝나자마자 존 웨슬리는 자리에서 벌떡 일어났다. 그런 다음 조지 휘트필드를 끌어안고 눈물을 흘렸다.
"나는 당신의 발뒤꿈치에도 미치지 못하는 사람입니다. 당신은 정말 위대합니다!"(210쪽)

부록2

말씀과 성품 씨앗 심기

'겸손'이란?

예수님은 제자들의 발을 직접 씻기심으로 낮아짐을 실천하였습니다. 겸손
이란 남을 존중하고 자기를 낮추는 태도입니다. 하나님은 예수님이 가신 길
을 따라가는 이를 사용하십니다.

 말씀의 전신갑주를 입고 전진!

생활 속에서 겸손을 실천하기 전에 먼저 하나님의 말씀으로 옷 입는 것이 중요
합니다. 성경암송을 통해 겸손을 마음판에 새기는 시간을 가져보세요(다 외웠으
면 직접 적어보세요).

1단계 여호와여 주는 겸손한 자의 소원을 들으셨사오니 그들의 마음을
준비하시며 귀를 기울여 들으시고 (시 10:17)

_____

_____

2단계 아무 일에든지 다툼이나 허영으로 하지 말고 오직 겸손한 마음으로
각각 자기보다 남을 낮게 여기고 각각 자기 일을 돌볼뿐더러 또한 각각
다른 사람들의 일을 돌보아 나의 기쁨을 충만하게 하라 (빌 2:3,4)

_____

_____

_____

3단계 사람아 주께서 선한 것이 무엇임을 네게 보이셨나니 여호와께서 네게 구하시는 것은 오직 정의를 행하며 인자를 사랑하며 겸손하게 네 하나님과 함께 행하는 것이 아니냐 (미 6:8)

_____

_____

_____

_____

_____

4단계 지극히 존귀하며 영원히 거하시며 거룩하다 이름하는 이가 이와 같이 말씀하시되 내가 높고 거룩한 곳에 있으며 또한 통회하고 마음이 겸손한 자와 함께 있나니 이는 겸손한 자의 영을 소생시키며 통회하는 자의 마음을 소생시키려 함이라 (사 57:15)

_____

_____

_____

_____

_____

_____

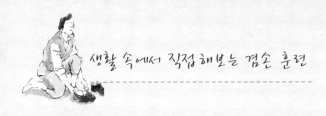

생활 속에서 직접 해보는 겸손 훈련

 교회 내가 먼저 낮아지기

조지 휘트필드는 궂은일도 마다하지 않고 일했어요. 남들이 하기 싫어하는 일도 묵묵히 해냈지요. 교회에서도 이런 사람이 필요해요. 여러분이 각자 교회에서 조지 휘트필드가 되어보는 건 어떨까요?

구체적 적용 정해진 시간보다 10~20분 먼저 교회에 가요. 예배실에 도착하면 가장 먼저 기도해야겠죠? 그 후에는 주위를 둘러보세요. 혹시 선생님이 미처 치우지 못하거나 정리하지 못한 것이 있을지도 몰라요. 그러면 조용히 그 일을 하세요. 누가 알아주지 않아도 하나님은 그 마음을 기쁘게 받아주실 거예요.

 가정 친구를 칭찬하여 높여주기

우리는 모두 하나님께서 각자에게 주신 달란트가 달라요. 학교에 가보면 그 사실을 잘 알 수 있죠. 어떤 친구는 노래를 잘하고, 어떤 친구는 운동을, 또 어떤 친구는 그림을 잘 그려요. 공부를 무척 잘하는 친구도 있고, 글을 잘 쓰는 친구, 옷을 예쁘게 잘 맞추어 입는 친구도 있지요. 그럴 때 샘을 내거나 '흥!' 하고 무시하지 말고 진심으로 응원하고 칭찬해보세요. 그 마음이 부메랑처럼 돌아올 거예요.

구체적 적용 하루에 두 명을 정해서 그 친구의 장점을 잘 관찰하고 진심으로 칭찬해주세요. 그리고 그것을 배우려고 노력하는 거예요. 그러면 그 친구도 얻고, 그 친구의 비결도 배울 수 있지요. 덤으로 하나님의 칭찬도 받을 수 있답니다.

규장 신앙위인 북스 11

조지 휘트필드

개정판 1쇄 발행	2012년 6월 25일
초판 1쇄 발행	1994년 4월 11일
초판 8쇄 발행	2007년 7월 3일

지은이	오병학
펴낸이	여진구
책임편집	김소연
편집 1실	안수경, 이영주, 박민희
편집 2실	김아진, 최지설, 유혜림
기획·홍보	이한민
책임디자인	이혜영, 전보영, 마영애, 정해림
해외저작권	김나은
마케팅	김상순, 강성민, 허병용, 이기쁨
마케팅지원	최태형, 최영배, 이명희
제작	조영석, 정도봉
경영지원	김혜경, 김경희
이슬비전도학교	엄취선, 전우순, 최경식
303비전성경암송학교	박정숙, 정나영, 정은혜
303비전장학회 & 303비전꿈나무장학회	여운학

펴낸곳	규장

주소 137-893 서울시 서초구 양재2동 205 규장선교센터
전화 02)578-0003   팩스 02)578-7332
이메일 kyujang@kyujang.com   홈페이지 www.kyujang.com
트위터 twitter.com/_kyujang   페이스북 facebook.com/kyujangbook
등록일 1978.8.14. 제1-22

ⓒ 저자와의 협약 아래 인지는 생략되었습니다.
이 출판물은 저작권법에 의해 보호를 받는 저작물이므로 무단 전재와 무단 복제를 할 수 없습니다.

책값 뒤표지에 있습니다.
ISBN 978-89-6097-210-0 03230

규 | 장 | 수 | 칙

1. 기도로 기획하고 기도로 제작한다.
2. 오직 그리스도의 성품을 사모하는 독자가 원하고 필요로 하는 책만을 출판한다.
3. 한 활자 한 문장에 온 정성을 쏟는다.
4. 성실과 정화를 생명으로 삼고 일한다.
5. 긍정적이며 적극적인 신앙과 신행일치에의 안내자의 사명을 다한다.
6. 충고와 조언을 항상 감사로 경청한다.
7. 지상목표는 문서선교에 있다.

하나님을 사랑하는 자 곧 그의 뜻대로 부르심을 입은 자들에게는 모든 것이 合力하여 善을 이루느니라(롬 8:28)

Member of the
Evangelical Christian
Publishers Association

규장은 문서를 통해 복음전파와 신앙교육에 주력하는 국제적 출판사들의 협의체인 복음주의출판협회(E.C.P.A:Evangelical Christian Publishers Association)의 출판정신에 동참하는 회원(Associate Member)입니다.